Giorgia Gaetani Ferrer

GRAMÁTICA PRÁCTICA

TEORÍA Y EJERCICIOS DE GRAMÁTICA ESPAÑOLA

A1

ELI

Gramática práctica A1

Coordinacción editorial: Simona Franzoni
Redacción: Simona Franzoni, Giorgia Gaetani
Art Director: Marco Mercatali
Maquetación: Marco Tifi
Búsqueda iconográfica: Giorgia Gaetani
Producción: Francesco Capitano
Ilustraciones: Luca Poli
Diseño de cubierta: Paola Lorenzetti

P.O. Box 6
62019 Recanati
Italia
Tel. +39071750701
Fax +39071977851

Primera edición: 2013

Agradecimientos
La Editorial quiere agradecer a Maria de la Anunciación Polo Y Callejo y a Maria Isabel Rada la asistencia editorial.

Fotografías
Archivo ELI; Gettyimages: pp. 11, 13, 30; Shutterstock.

Printed in Italy - Impreso en Italia
Impresión: Tecnostampa - Trevi (PG) 13.83.127.0

ISBN 978-88-536-1525-1

Índice

UNIDAD
1

Los pronombres personales sujeto. Presente de indicativo: verbo *ser*. La forma de cortesía

PRONOMBRES PERSONALES SUJETO	SER
yo	soy
tú	eres
él / ella / usted	es
nosotros / nosotras	somos
vosotros / vosotras	sois
ellos / ellas / ustedes	son

Usos del verbo *ser*:

- identificación
  Yo soy Juan, ¿tú quién eres?
- origen
  Luis es de Santander. *Ana es inglesa.*
- oficio o profesión
  Carmen es enfermera.
- características esenciales de una persona (del físico y del carácter) o de una cosa

Nosotras somos jóvenes.

Él es gordo.

Tú eres delgada.

Usted es elegante.

Yo soy morena.

Esta mesa es redonda.

Vosotras sois rubias.

Estos niños son pequeños.

Esta calle es ancha.

Ustedes son inteligentes.

¡Atención!

El adjetivo concuerda en género y número con el sujeto.

- tiempo

- tiempo y hora
  Hoy es lunes. *Son las cuatro.* *Es pronto.*
- cuando significa «*tener lugar*», «*celebrarse*», «*hacerse*»
  La conferencia es el sábado a las ocho. (celebrarse)

La forma de cortesía

Usted y *ustedes* son los pronombres de cortesía o respeto. Se utilizan con la tercera persona de singular y plural, respectivamente, de verbos, pronombres y posesivos.

Se abrevian *Ud.* y *Uds.* o *Vd.* y *Vds.*

A ¿Quién es usted?
B Soy el nuevo profesor de Matemáticas.

A ¿Quiénes son ustedes?
B Somos los padres de Juan Romero.

1 Une el pronombre sujeto con la forma del verbo correspondiente.

1 ella
2 yo
3 vosotros
4 ustedes
5 él
6 nosotras
7 ellos
8 tú
9 usted
10 vosotras

a ☐ soy
b ☐ son
c [1] es
d ☐ somos
e ☐ son
f ☐ eres
g ☐ es
h ☐ sois
i ☐ es
j ☐ sois

2 María está hablando con su amiga Soraya. ¿Qué pronombres usa para hablar de...?

1 Soraya y el novio de María *nosotros*
2 unos amigos de María __________
3 María __________
4 el ex-novio de María __________
5 las hermanas de Soraya __________
6 Soraya y el novio de Soraya __________
7 Soraya y su hermana __________
8 Soraya __________

3 Completa los diálogos con los pronombres correctos.

1 A Soy Laura. ¿Y __________? ¿Cómo te llamas?
B __________ soy Fran.

2 A ¿__________ son argentinos?
B Claro, somos de Buenos Aires.

3 A __________ sois españoles, ¿no?
B Bueno, Carlos sí, pero __________ no.

4 A A ver, Antonio y Arantxa son de Cataluña, ¿verdad?
B No, __________ es catalán, pero __________ es valenciana.

5 *Juan habla con Elena y Cristina y entre ellos hablan de Elena, Cristina y Miguel.*
A ¿__________ sois profesores de inglés?
B __________ somos profesoras, pero Miguel trabaja en un banco.

6 A Paco habla bien inglés, pero Concha y Julio...
B Sí, sí... __________ hablan bastante peor.

7 A ¿__________ habla muchas lenguas?
B Muchas no, hablo inglés y un poco de francés.

8 A ¿__________ sois madrileños?
B No, somos de Toledo, pero José es de Madrid. Vive en Vallecas.

4 Cambia las palabras subrayadas por los pronombres personales correctos.

1 Carlos y sus amigos juegan a las cartas.
Ellos
2 Julian es un buen amigo de la familia.
____
3 Marisa y tú tenéis mucho trabajo por hacer.
____
4 Ramiro está en la selección de fútbol.
____
5 Laura y su prima viajan a Roma todos los años. __________
6 Sr. Gomez ¿le apetece otro café?
____
7 Miriam, Maite, y yo vamos al concierto.
____
8 Mónica lleva a su hijo a la escuela.
____
9 Pero Mari, sabes bien que no te puedo ayudar. __________
10 Raúl, Javi y yo trabajamos en la fábrica de zapátos. __________

5 Cambia *tú* / *vosotros* (*as*) por *usted* / *ustedes* o viceversa como en los ejemplos.

1 Tú eres médico.
Usted es médico.
2 Vosotros sois abogados.
Ustedes son abogados.
3 Tú eres inglés.
__________.
4 Ustedes son novios.
__________.
5 Usted es muy simpático.
__________.
6 Vosotros sois alemanes.
__________.
7 Tú eres encantador.
__________.
8 Usted es joven.
__________.
9 Vosotros sois compañeros de trabajo.
__________.
10 Ustedes son de Bélgica.
__________.
11 Usted es inteligente.
__________.
12 Ana y tú sois azafatas.
__________.

6 Elije la forma correcta del presente de indicativo del verbo *ser*.

1 Jesus *es* / *soy* arquitecto.
2 Nosotros *son* / *somos* buenos amigos.
3 El concierto *soy* / *es* el martes a las diez.
4 Usted *eres* / *es* profesora.
5 *Son* / *Es* las cuatro y media.
6 Carlos y Alfredo *somos* / *son* de Perú.
7 Yo *son* / *soy* Juan.
8 Ustedes *son* / *es* muy amables.
9 Elena y yo *sois* / *somos* hermanas.
10 Vosotros *sois* / *somos* estudiantes.

7 Completa con la forma correcta del verbo *ser*.

1 El collar de mi madre __________ de perlas.
2 Yo __________ japonés, pero vivo en Santander.
3 El profesor de matemáticas __________ mayor.
4 Vosotros __________ pelirrojos como vuestras madres.
5 Las puertas de la terraza __________ de cristal.
6 La boda de su tío __________ el sábado a las cinco.
7 Tú __________ camarero.
8 Mi hermano y yo __________ gemelos.
9 El armario de tu cuarto __________ pequeño.
10 Esta carta __________ de Luisa.
11 Mañana __________ domingo y __________ fiesta.
12 Los diccionarios __________ caros.

8 Describe las fotos utilizando las personas correctas del verbo *ser*.

1 ___________ cantante.

2 ___________ jugadores de fútbol.

3 ___________ las diez.

4 ___________ un indio.

5 ___________ nadadoras.

6 ___________ tarde.

9 🎧 2 Escucha el CD y escribe debajo de cada dibujo el nombre del personaje al que corresponde.

1 ___________

2 ___________

3 ___________

4 ___________

5 ___________

6 ___________

Sustantivos y adjetivos. Formación del femenino

En español el **sustantivo** tiene género gramatical, que puede ser masculino o femenino, y el **adjetivo** concuerda siempre con el nombre.

Generalmente los nombres que se refieren a personas o animales (y sus adjetivos) que terminan por ***-o*** son masculinos y los que terminan por ***-a*** son femeninos.
Él es un chico sueco simpático. *Laura es una chica italiana muy guapa.*

Los nombres acabados en ***-e*** o en consonante pueden ser masculinos (*el coche*, *el jueves*) o femeninos (*la noche*, *la televisión*).

La **formación del femenino** en los **sustantivos** sigue los esquemas siguientes:
- sustantivos cuyo masculino termina en vocal

MASCULINO		FEMENINO
chico	***-a***	chica
jefe	***-a***	jefa
un marroquí	INVARIABLE	una marroquí
un belga	INVARIABLE	una belga

- sustantivos cuyo masculino termina en consonante

MASCULINO		FEMENINO
señor	+ ***-a***	señora
dios	+ ***-a***	diosa
león	+ ***-a***	leona
chaval	+ ***-a***	chavala

¡Atención!

Los sustantivos que terminan en ***-ista*** y ***-nte*** suelen permanecer invariables.
el / la artista, el / la estudiante

Terminaciones especiales de algunos sustantivos femeninos:

MASCULINO		FEMENINO
alcalde	***-esa***	alcaldesa
poeta	***-isa***	poetisa
actor	***-triz***	actriz
gallo	***-ina***	gallina

Casos especiales:

hombre / mujer
varón / mujer
caballero / dama
marido / mujer
padre / madre
papá / mamá
yerno / nuera
toro / vaca
caballo / yegua

¡Atención!

Los animales que no tienen forma masculina y femenina se diferencian utilizando las palabras *macho* (para el masculino) y *hembra* (para el femenino).
El elefante hembra es el jefe de la manada.

La **formación del femenino** en los **adjetivos** sigue los esquemas siguientes:

- adjetivos cuyo masculino termina en vocal

MASCULINO		FEMENINO
gordo	*-a*	gorda
caliente	INVARIABLE	caliente
marroquí	INVARIABLE	marroquí
belga	INVARIABLE	belga

- adjetivos cuyo masculino termina en consonante

MASCULINO		FEMENINO
ahorrador	+ *-a*	ahorradora
portugués	+ *-a*	portuguesa
dormilón	+ *-a*	dormilona
legal	INVARIABLE	legal

1 Clasifica según el género los nombres subrayados.

1 Quiero pan y tomate, por favor.
2 Compra sal y azúcar.
3 ¿Quieres tortilla de patata y jamón?
4 ¿Prefieres agua o zumo de piña?
5 Desayuno chocolate con churros.
6 José es panadero y su esposa profesora.
7 No tiene corazón.
8 Necesito vacaciones: playa y sol.

MASCULINOS
______
______
______

FEMENINOS
______
______
______

2 Completa como en el ejemplo.

1 Francia
francés
francesa

2 Italia
______
______

3 Inglaterra
______
inglesa

4 China
______
______

5 Japón
______
______

6 Bélgica
belga
______

7 Suiza
______
______

8 España
alemán
______

9 Alemania
______
______

10 Méjico
______
______

3 **Completa con el femenino o el masculino.**

1 niño

____

2 doctor

____

3 chica

____

4 turista

____

5 cara

____

6 alcalde

____

7 perro

____

8 cantante

____

9 poeta

____

4 Escribe el masculino.

1 marroquí ________
2 finlandesa ________
3 paquistaní ________
4 austriaca ________
5 danesa ________
6 peruana ________
7 estadounidense ________
8 turca ________
9 canadiense ________
10 iraní ________

5 Relaciona los masculinos con los femeninos.

1 príncipe
2 padre
3 marido
4 suegro
5 yerno
6 hijo
7 tío
8 primo
9 duque
10 caballo

a ☐ yegua
b ☐ duquesa
c ☐ suegra
d ☐ mujer
e ☐ nuera
f ☐ madre
g ☐ prima
h ☐ tía
i ☐ hija
j ☐ princesa

6 (CD 3) Cambia el género de las siguientes frases. Escucha el CD y comprueba tus respuestas.

1 El padre de Clara es abogado.
La madre de Clara es abogada.
2 Mi madrina de bautizo es joven.
________.
3 Es una dama muy elegante.
________.
4 Ser emperador es como ser rey.
________.
5 La vaca es un animal rumiante.
________.
6 Los caballos son animales de cuatro patas.
________.
7 El hombre es un ser inteligente.
________.
8 Ella es la solista del grupo.
________.
9 Mi nuera es muy simpática.
________.
10 Esa mujer es muy trabajadora.
Ese ________.
11 El gallo es un animal de granja.
________.
12 Los actores son personajes populares.
________.

Los artículos. Formación del plural

Artículos determinados

	MASCULINO	FEMENINO	NEUTRO
singular	el	la	lo
plural	los	las	

El artículo determinado sirve para referirse a algo ya conocido e identificado:

- se usa el singular con los días de la semana, excepto con la fecha
  La fiesta es el próximo viernes. *Hoy es viernes, 26 de marzo de 2013.*
- se usa el plural con los día de la semana con sentido de «*todos los...*»
  Los entrenamientos son (todos) *los viernes.*
- no se usa delante de los nombres propios, de los adjetivos posesivos y de los años desde 1000 hasta 1999
  Chile es un país muy montañoso. *Mi coche está en el garaje.* *En 1989 cayó el Muro de Berlín.*

El artículo neutro *lo* no se usa con sustantivos. Se usa con adjetivos, adverbios y adjetivos posesivos.
Lo bonito (la cosa bonita) *de la película es la música.*
Lo lejos que está la casa de Juan.
Lo tuyo es mejor que lo suyo.

Artículos indeterminados

	MASCULINO	FEMENINO
singular	un	una
plural	unos	unas

El artículo indeterminado en plural sirve para hablar de una parte que pertenece a un conjunto mayor. Tiene sentido partitivo. *Isabel y Claudia son unas chicas de mi clase.*

También puede significar «*aproximadamente*» si acompaña a un número.
En mi edificio somos unos (más o menos) *25 vecinos.*

¡Atención!

Los nombres femeninos que empiezan por ***a***-, o ***ha***- tónicas utilizan, en singular, el artículo masculino, excepto con los nombres de las letras *h* y *a* (*la hache* y *la a*) y el femenino de *árabe* (*la árabe*). *el agua, el alma, un arma*

¡Atención!

A + EL = AL *Te presento ~~a el~~ director.* *Te presento al director.*
DE + EL = DEL *Es el jefe ~~de el~~ Departamento.* *Es el jefe del Departamento.*

Formación del plural

Cuando el singular termina por vocal no acentuada o *-á*, *-é*, *-ó*, se añade *-s*:

SINGULAR		PLURAL
palacio	-s	palacios
tribu	-s	tribus
café	-s	cafés

Cuando el singular termina en vocal acentuada (*-í, -ú*), se añade *-es*:

SINGULAR		PLURAL
tabú	**-es**	tabúes
jabalí	**-es**	jabalíes

Cuando el singular termina en consonante o *-y*, se añade *-es*:

SINGULAR		PLURAL
azul	**-es**	azules
holandés	**-es**	holandeses
rey	**-es**	reyes

¡Atención!

Las palabras que terminan en *-z* y *-x* en singular, en plural cambian dichas consonantes en *-c*.
pez / peces *capaz / capaces* *ónix / ónices*

1 Completa las frases con los artículos determinados.

1 Por *las* mañanas Vicente va a *la* universidad y, por *las* tardes, trabaja en una cafetería.
2 __________ vinos de La Rioja son de excelente calidad, especialmente __________ tintos.
3 __________ martes y __________ jueves normalmente voy al gimnasio después del trabajo.
4 Voy a la oficina con __________ coche de Silvia porque mi seiscientos no tiene aire acondicionado y hace mucho calor.
5 A ¿Cómo se llaman __________ habitantes de __________ ciudad de Cádiz?
B Pues se llaman gaditanos.
6 __________ periódico La Vanguardia publica una selección de cuentos y relatos durante todo __________ mes de agosto.
7 Realizan obras en __________ carretera Madrid - Valencia para construir una nueva autovía.
8 En __________ noche de San Juan normalmente __________ gente va a __________ playa y celebra __________ llegada del verano con hogueras y fuegos artificiales.

2 **Completa las frases con los artículos indeterminados.**

1 La comida española es __________ de las mejores del mundo.
2 Voy a clase de chino __________ día a la semana.
3 Esa película cuenta __________ historia muy original.
4 En su barrio hay __________ cafetería muy buena.
5 Pepe tiene __________ amigo italiano que se llama Mario.
6 En Valencia hay __________ museo dedicado a la fauna y a la flora marinas.
7 En la frutería de la esquina venden __________ naranjas de excelente calidad.
8 Sevilla y Barcelona son __________ ciudades que tienes que visitar en España.

3 **Pon el artículo determinado correcto a las partes del cuerpo humano.**

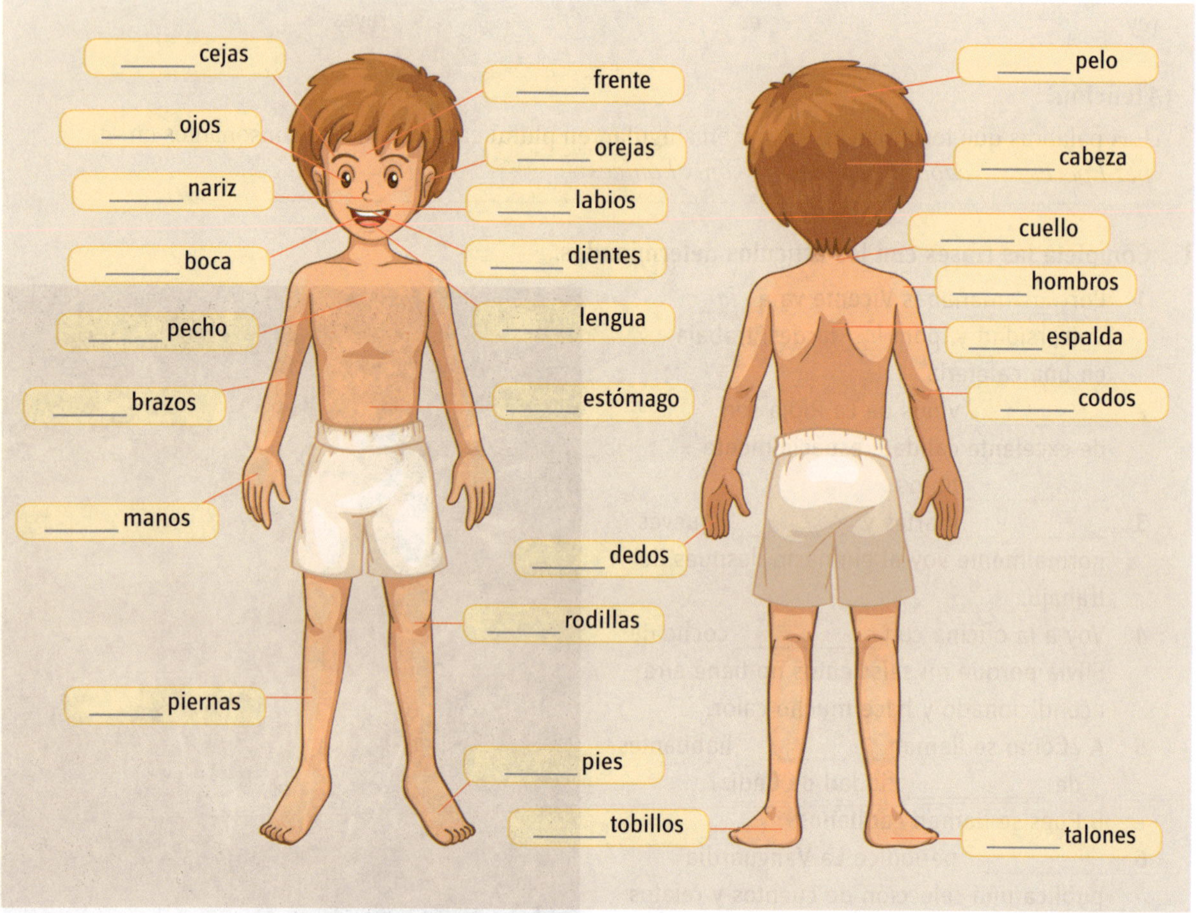

4 4 **Completa el anuncio con el artículo correcto. Escucha el CD y comprueba tus respuestas.**

Se vende (1) __________ piso de 100 metros cuadrados situado en (2) __________ zona céntrica de (3) __________ ciudad.
Es exterior y dispone de (4) __________ comedor-salón de 30 metros cuadrados, tres dormitorios y (5) __________ baño.
(6) __________ cocina está equipada con todos (7) __________ electrodomésticos. (8) __________ precio es de 180.000 euros.
(9) __________ interesados pueden llamar a (10) __________ teléfono de (11) __________ anuncio por (12) __________ mañanas.

5 **Escribe el plural.**

1 el cenicero ________
2 un lápiz ________
3 la plaza ________
4 la habitación ________
5 el paraguas ________
6 un hotel ________
7 un finlandés ________
8 una amiga ________
9 la paz ________
10 un jabalí ________
11 el dolor ________
12 un reloj ________

6 **Concuerda los adjetivos entre paréntesis con el sustantivo al que acompañan.**

1 La actriz que protagoniza esa película es muy *guapa* (guapo).
2 La cartera ________ (rojo) que buscas está encima de la mesa de la cocina.
3 Para ir a bailar Marcos se pone unos pantalones ________ (azul) y una camisa ________ (blanco).
4 La casa de campo de Amparo y Antonio es muy ________ (luminoso) y tiene una terraza muy ________ (grande).
5 Oigo las noticias ________ (diario) en la radio de nuestra oficina.
6 Esa ________ (joven) escritora ha publicado dos novelas ________ (nuevo).
7 En la tasca del pueblo sirven comidas ________ (casero) y ________ (barato).
8 En ese país están realizando una reforma ________ (universitario) muy ________ (importante).
9 En esas ________ (pequeño) colinas viven muchos agricultores y ganaderos.
10 Los domingos, de postre comemos pasteles ________ (variado).

7 5 **Pon las siguientes frases en plural. Escucha el CD y comprueba tus respuestas.**

1 La flor blanca es de mi jardín.
Las flores blancas son de mis jardines.
2 El campo verde es bonito.
________.
3 La casa gris es la más grande de todas.
________.
4 Veo una camiseta azul y blanca.
________.
5 El color de tu falda es el más bonito.
________.
6 ¿Es usted español?
________.
7 Ella es una estudiante de York.
________.
8 Esta profesora es iraní.
________.
9 Es un amigo alemán.
________.
10 El libro es interesante pero difícil.
________.

UNIDAD 4

Presente de indicativo: verbo *estar*. El gerundio. *Estar* + gerundio

ESTAR	
yo	estoy
tú	estás
él / ella / usted	está
nosotros / nosotras	estamos
vosotros / vosotras	estáis
ellos / ellas / ustedes	están

Usos del verbo *estar*:

- situación en el espacio y en el tiempo
  Estamos en Madrid. *Estamos en otoño.* *Estamos a 25 de julio.*
- estado físico o anímico; estado de las cosas
  Está de buen humor. *Estoy contento.* *Estamos cansados.* *La puerta está cerrada.*
- estado civil
  María y Leonardo están casados.
- precio
  Las peras están a 1,5 euros el kilo.
- con *bien*, *mal*, *regular* y *fatal*
  Eugenio está mal. *El examen está bastante bien.*

El gerundio

Se forma añadiendo a la raíz del verbo las desinencias ***-ando*** (a los verbos de la primera conjugación); ***-iendo*** (a los verbos de la segunda y de la tercera conjugación).
(1ª) estar: *estando*
(2ª) ser: *siendo*
(3ª) vivir: *viviendo*

¡Atención!

- Los verbos en -***er*** y en -***ir*** cuya raíz termina en vocal forman el gerundio en ***-yendo*** (excepto los verbos que terminan en -***ear***).
  caer: *cayendo*
  leer: *leyendo*
  huir: *huyendo*
- Los verbos en -***ir*** con cambio vocálico tienen el gerundio irregular.
  La *e* se cierra en *i* y la *o* en *u*.
  medir: *midiendo*
  morir: *muriendo*
- Otros gerundios irregulares:
  decir: *diciendo*
  freír: *friendo*
  ir: *yendo*
  poder: *pudiendo*
  podrir: *pudriendo*
  reír: *riendo*
  venir: *viniendo*

Estar **+ gerundio** expresa una acción en desarrollo.
Estoy preparando unas oposiciones.

1 **Une el pronombre sujeto con la forma del verbo correspondiente.**

1 ella
2 yo
3 vosotros
4 ustedes
5 él
6 nosotras
7 ellos
8 tú

a ☐ estamos
b ☐ 1 está
c ☐ están
d ☐ estáis
e ☐ están
f ☐ estás
g ☐ está
h ☐ estoy

2 **Relaciona los elementos de las tres columnas.**

1 El profesor	estamos	muy ricos.
2 La ventana	está	rotas.
3 Las sillas	están	en el garaje.
4 Tú	estás	estudiando juntos.
5 Nosotros	estoy	abierta.
6 El coche	estáis	pasando lista.
7 Yo	está	enfadadas.
8 Vosotras	están	encima de la mesa.
9 Los anillos	está	de mal humor.
10 El jamón y el queso	están	trabajando mucho.

1 ______________________
2 ______________________
3 ______________________
4 ______________________
5 ______________________
6 ______________________
7 ______________________
8 ______________________
9 ______________________
10 ______________________

3 **Completa con la forma correcta del presente de indicativo del verbo *estar*.**

1 ¿Dónde ___*está*___ el libro de historia?
2 __________ a 20 de julio.
3 Las camisas __________ sucias.
4 ¿__________ (vosotros) aburridos?
5 Su casa __________ lejos del centro.
6 Esos vasos __________ rotos.
7 Roberto __________ casado con Blanca.
8 __________ (yo) de vacaciones.
9 ¿Por qué __________ (tú) triste?
10 ¿__________ ustedes preocupados?
11 Nosotros __________ de acuerdo con él.
12 ¿__________ (tú) bien?

4 **Completa las frases con los verbos *ser* o *estar*.**

1 Yo __________ Efraín.
2 Mi casa __________ al final de la calle.
3 Rosa __________ española de Javea.
4 Su padre __________ arquitecto.
5 Inge __________ alemana.
6 ¿Qué hora __________?
7 La carnicería __________ al lado de la tienda de música.
8 Sole __________ es andaluza.
9 Vosotros __________ en la primera fila de la clase.
10 Tú __________ en la parada del autobús.
11 ¿__________ (vosotras) Belén y Jonas?
12 Nosotras __________ en Portugal.

5 Forma el gerundio de los siguientes verbos como en el ejemplo.

1 correr → *corriendo*
2 subir → ________
3 mirar → ________
4 beber → ________
5 sudar → ________
6 recibir → ________
7 aprender → ________
8 abrir → ________
9 vender → ________
10 saltar → ________

6 Forma el gerundio de los siguientes verbos como en el ejemplo.

1 concluir → *concluyendo*
2 creer → ________
3 oír → ________
4 incluir → ________
5 sustituir → ________
6 poseer → ________
7 traer → ________
8 decaer → ________
9 huir → ________
10 leer → ________

7 Completa con el gerundio o el infinitivo de los siguientes verbos.

1 ________ → consiguiendo
2 vestir → ________
3 pedir → ________
4 ________ → durmiendo
5 servir → ________
6 elegir → ________
7 ________ → siguiendo
8 ________ → repitiendo
9 preferir → ________
10 decir → ________

8 Completa las frases con el verbo *estar* y el gerundio.

1 Marta y Clara *estan jugando* (jugar).
2 Nosotras ya ________________ (comer).
3 Yo ________________ (hacer) la cena.
4 Ustedes ________________ (hablar) en castellano.
5 Cecilia ________________ (navegar) por Internet.
6 Ellos ________________ (repetir) la clase.
7 ¿Tú ________________ (escuchar) la radio?
8 ¿Vosotros ________________ (imprimir) el documento?
9 Pepi y yo ________________ (ir) a comprar ropa.
10 ¿Toni ________________ (pedir) las vacaciones a su jefe?

9 Transforma las frases según el ejemplo.

1 María trabaja en una cafetería.
María está trabajando en una cafetería.
2 Fernando abre las ventanas.
________________________________.
3 Nosotros tomamos un aperitivo.
________________________________.
4 Pedro y Paco beben agua.
________________________________.
5 Teresa escribe una carta a su prima.
________________________________.
6 Usted insiste mucho.
________________________________.
7 Ellas bailan merengue.
________________________________.
8 Esos señores esperan el autobús.
________________________________.
9 Los niños de Alicia suben por las escaleras.
________________________________.
10 La señora López pinta su casa.
________________________________.
11 Mis amigos y yo comemos en un restaurante.
________________________________.
12 ¿Qué miráis tan fijamente?
________________________________.

Presente de indicativo: verbos regulares

Existen tres conjugaciones regulares con las siguientes terminaciones: *-ar*, *-er*, *-ir*. Todos los verbos regulares se conjugan según el modelo.

	1ª CONJUGACIÓN HABLAR	2ª CONJUGACIÓN COMER	3ª CONJUGACIÓN VIVIR
yo	hablo	como	vivo
tú	hablas	comes	vives
él / ella / usted	habla	come	vive
nosotros / nosotras	hablamos	comemos	vivimos
vosotros / vosotras	habláis	coméis	vivís
ellos / ellas / ustedes	hablan	comen	viven

¡Atención!

Para mantener el sonido temático del infinitivo, en la formación del presente de indicativo de algunos verbos se produce un cambio consonántico. Así, los terminados en ***-ger***, ***-gir***, ***-guir***, ***-quir***, ***-cer***, y ***-cir***.*

coger : yo ~~cogo~~ *cojo*
dirigir: yo ~~dirigo~~ *dirijo*
distinguir: yo ~~distinguo~~ *distingo*
delinquir: yo ~~delinquo~~ *delinco*
conocer: yo ~~conoco~~ *conozco*
nacer: yo ~~naco~~ *nazco*
vencer: yo ~~venco~~ *venzo*
resarcir: yo ~~resarco~~ *resarzo*

Usos del presente de indicativo:

- acción actual o habitual
  Estudio primero de derecho. *Ceno todos los días con mis padres.*
- verdades universales
  La tierra es redonda.
- valor de futuro
  El domingo cenamos en Huesca.
- presente histórico
  Cristóbal Colón descubre América en 1492.

1 Escribe el presente de indicativo de estos verbos.

	ESTUDIAR	LEER	SUBIR
yo	______	______	______
tú	estudias	______	______
él / ella / usted	______	lee	______
nosotros / nosotras	______	______	subimos
vosotros / vosotras	______	______	______
ellos / ellas / ustedes	______	______	______

*ver páginas 63-64

2 Completa con las siguientes formas verbales.

1 3ª pers. sing. del verbo *resarcir* __________

2 1ª pers. sing. del verbo *reír* __________

3 2ª pers. sing. del verbo *ahumar* __________

4 2ª pers. plur. del verbo *colocar* __________

5 1ª pers. sing. del verbo *nacer* __________

6 1ª pers. sing. del verbo *conocer* __________

7 1ª pers. sing. sel verbo *vencer* __________

8 1ª pers. sing. del verbo *coger* __________

9 3ª pers. sing. del verbo *vigilar* __________

10 3ª pers. sing del verbo *percibir* __________

3 Busca en la sopa de letras los infinitivos de las siguientes formas verbales.

dirijo comen ~~habla~~ sois sedamos distingo
reís cantas bebo gana abres esperamos

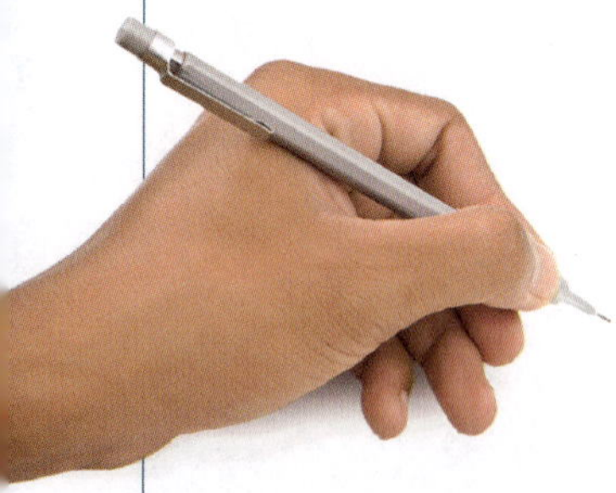

H	A	B	L	A	R	D	R	E
E	C	F	D	R	E	I	D	G
S	G	S	I	G	I	S	A	A
P	S	E	R	C	R	T	B	N
E	E	T	I	A	C	I	R	A
R	D	A	G	N	B	N	I	R
A	A	L	I	T	R	G	R	D
R	R	E	R	A	Q	U	E	P
B	E	B	E	R	V	I	B	N
S	X	C	O	M	E	R	M	R

4 Controla si las formas verbales son correctas. Si no lo son, corrígelas.

1 Mi amigo José Luis *escucho* __________ todos los días un programa de radio muy interesante.

2 Yo *lee* __________ artículos de revistas alemanas para practicar el idioma.

3 Normalmente nosotros *subís* __________ las escaleras a pie porque así *aprovechan* __________ para hacer un poco de ejercicio.

4 Miguel *vivimos* __________ en el extranjero y a menudo nos *escribe* __________ contándonos cosas.

5 Ana *necesitan* __________ dos semanas más para terminar el trabajo.

6 Mi padre y yo *coge* __________ el coche todos los días una hora, así yo *aprende* __________ poco a poco a conducir.

7 Yo no *comprendes* __________ por qué te *enfada* __________ tanto por esa tontería.

8 Raul *estudias* __________ magisterio en la Universidad de Salamanca pero *viaja* __________ a Francia muy a menudo.

9 Yo no *pretendo* __________ convencerte, sólo *desea* __________ explicarte las ventajas y los inconvenientes.

10 Sara y Lorena siempre *celebran* __________ sus cumpleaños en un restaurante.

5 Completa con la forma correcta del verbo en presente.

1 ¿Cuántos libros __________ (vosotros, leer) al año?
2 Si __________ (ustedes, estudiar) todo de memoria, no __________ (aprender) nada, y __________ (olvidar) todo muy pronto.
3 Los españoles __________ (llevar) el primer apellido del padre y el primero de la madre.
4 Mi padre __________ (vender) coches en un concesionario del centro de Huelva y __________ (ganar) mucho dinero.
5 ¿Por qué no __________ (vosotros, tratar) de explicarme lo que __________ (pasar)?
6 A ¿Por qué no __________ (ustedes, abrir) el regalo?
B Porque __________ (nosotros, esperar) a nuestro hijo.
7 La nueva profesora de francés __________ (hablar) cinco idiomas.
8 __________ (yo, recibir) a menudo cartas de mis amigos portugueses.
9 Los domingos __________ (leer) un libro, __________ (llamar) a algún amigo y __________ (nosotros, charlar) un rato.
10 A ¿Cuándo __________ (llegar) Luis y Lola del viaje?
B __________ (yo, creer) que mañana.
11 A ¿Por qué no __________ (tú, contestar) a mi pregunta?
B __________ (estar) ocupado.
12 No __________ (yo, aguantar) a las personas que __________ (prometer) algo y no lo __________ (cumplir).

6 Completa con la forma correcta de los verbos.

~~ser~~ recibir llorar practicar mirar escuchar aprender abrir beber escribir vivir

1 Shakira *es* una cantante muy guapa.
2 Tu bebé __________ porque tiene hambre.
3 ¡Hola chicos! ¿Vosotros dónde __________?
4 Vosotros __________ la radio.
5 En esta clase nosotros __________ español.
6 Yo __________ la lección de piano.
7 Los supermercados __________ a las ocho y media.
8 Los españoles no __________ té, sino café.
9 Ellos __________ las fotografías.
10 Lucía __________ y __________ muchos sms.

7 6 Escucha el CD y completa el diálogo.

Lara ¿A qué te (1) __________ últimamente?
Charo (2) __________ un trabajo.
Lara ¿Por qué no (3) __________ un curriculum en mi empresa? (4) __________ una secretaria con conocimientos de idiomas.
Charo Yo (5) __________ inglés y francés. ¿(6) __________ que (7) __________?
Lara Sí, me (8) __________ que sí.
Charo ¿Me (9) __________ a redactar el curriculum?
Lara Vale, pero mi ordenador no (10) __________.
Charo No (11) __________, (12) __________ el mío. Por cierto, después, ¿lo (13) __________ de persona o lo (14) __________ por correo?
Lara Te (15) __________ yo al director del personal.
Charo ¡Gracias!
Lara ¡Venga! ¡Manos a la obra!

UNIDAD **6**

Los pronombres reflexivos. Verbos reflexivos

- Los pronombres reflexivos usan las formas átonas *me*, *te*, *se*, *nos*, *os*, *se*. Concuerdan en persona con el sujeto.

LLAMARSE		
yo	**me**	llamo
tú	**te**	llamas
él / ella / usted	**se**	llama
nosotros / nosotras	**nos**	llamamos
vosotros / vosotras	**os**	llamáis
ellos / ellas / ustedes	**se**	llaman

Usamos los pronombres reflexivos cuando el sujeto y el objeto de un acción coinciden o, también, cuando la acción recae sobre una parte del cuerpo del sujeto.
Yo me peino. *Vosotros os vestís.* *Jorge se corta el pelo.*
Mis hijos siempre se lavan las manos antes de comer.

Los pronombres reflexivos se usan también con *valor recíproco*, es decir, cuando dos o más personas reciben la misma acción.
Rosa y José Luis se casan. (Rosa se casa con José Luis y José Luis se casa con Rosa.)
Mi hermano y yo nos queremos mucho. (Mi hermano me quiere a mí y yo quiero a mi hermano.)

1 Relaciona los pronombres de las dos columnas.

1 yo	a ☐ os
2 vosotras	b ☐ se
3 ellas	c ☐ nos
4 él	d [1] me
5 nosotros	e ☐ se
6 ustedes	f ☐ se
7 usted	g ☐ te
8 tú	h ☐ se

2 Subraya la forma correcta.

1 Cuando termino de trabajar *me* / *se* lavo las manos.
2 Creo que no *nos* / *te* das cuenta de lo que dices.
3 Nunca *os* / *me* acuerdo de su nombre.
4 ¿*Te* / *Se* enteras de las notícias españolas estando en Francia?
5 *Os* / *Nos* levantamos muy tarde los domingos.
6 Esta película no me gusta nada, ¡*se* / *me* aburro!
7 Mi amigo Pere cada vez que va al cine *te* / *se* duerme.
8 *Se* / *Nos* van para Barcelona en tren mañana.

3 Ordena las palabras para formar frases.

1 las montañas / experiencia / me atrevo / yo / no tengo / aunque / a subir

______________________________.

2 se queja / en aquel restaurante / de la comida / ella / siempre / que sirven

______________________________.

3 todas / a las nueve / se despiertan / las mañanas / sus niños

______________________________.

4 antes o después / te secas / de vestirte / tú / el pelo

______________________________?

5 los días / nos cepillamos / mi hermano y yo / todos / los dientes

______________________________.

6 cuando / enojada / no se duerme / ella / está

______________________________.

7 Pablo / del profesor Ruiz / se aburre / en la clase

______________________________.

8 a las 7:00 / Alfonso / para correr / todos / se levanta / los días

______________________________.

4 Completa con el reflexivo correcto.

1 ___Me___ llamo Adela.
2 ¿Cuántas veces __________ lavas el pelo a la semana?
3 __________ pregunto por qué es tan caro.
4 Los famosos __________ divorcian con gran facilidad.
5 ¿No __________ olvidáis de dar las gracias?
6 Esa película termina cuando los protagonistas __________ abrazan.
7 ¿Qué te parece si __________ tuteamos?
8 Sara y Dani __________ casan la semana que viene.
9 __________ esperáis demasiado de mí.
10 La ropa de algodón __________ encoge siempre un poco.

5 Completa con los pronombres y los verbos reflexivos.

1 Paco __________ (ducharse) todos los días a las ocho de la mañana.
2 Te presento a mi amiga, __________ (llamarse) Maite.
3 ¿__________ (usted, prepararse) la comida en casa los domingos?
4 __________ (él, llevarse) bien con todo el mundo.
5 __________ (nosotras, parecerse) mucho a nuestras primas Jessica y Bea.
6 Los tatuajes no __________ (quitarse) con agua y jabón.
7 Alex siempre __________ (enamorarse) de chicas extranjeras.
8 Yo __________ (lavarse) los dientes después de cada comida.
9 Alejandro y Manolo no __________ (peinarse), tienen el pelo muy corto.
10 **A** ¿A qué hora __________ (ustedes, levantarse)?
B Normalmente __________ (nosotros, levantarse) sobre las 7 de la mañana.
11 ¿__________ (vosotros, secarse) el pelo antes o después de vestiros?
12 ¿__________ (tú, quedarse) a cenar con nosotras?

6 7 **Mira los dibujos, escucha el CD y contesta a las preguntas.**

1 A ¿Qué hace Juan?
B *Se levanta* ____________.

2 A ¿Qué está haciendo tu hermano?
B ____________, mamá.

3 A ¿Qué estáis haciendo, chicos?
B ____________.

4 A ¿Qué haces, Rosa?
B ____________.

5 A ¿Qué hacen esos niños?
B ____________.

6 A ¿Qué hace ella?
B ____________.

7 A ¿Qué estás haciendo, Noe?
B ____________.

8 A ¿Qué hace tu primo?
B ____________.

9 A ¿Qué está haciendo la abuela?
B ____________.

7 Completa las frases con los verbos del recuadro y comprueba tus respuestas con el CD.

afeitarse	llamarse	pelearse	conocerse	besarse	bañarse
darse	ponerse	quererse	odiarse	ayudarse	ducharse

1 ¡Estoy cansada! Mis dos hijos pequeños __________ todo el día.
2 El problema es que no __________ (vosotros) los unos a los otros.
3 Oye, ¿cómo __________ la chica del abrigo negro?
4 ¿Cuánto tiempo hace que __________ tú y yo?
5 __________ (ellos) en todas las esquinas. ¡Qué cariñosos!
6 En el fondo __________ (vosotros), pero muy en el fondo.
7 Es evidente que __________ (ellos).
8 __________ (yo) en un minuto y nos vamos.
9 ¡Qué patoso es David! __________ cada golpe...
10 La verdad es que __________ (tú) muy nerviosa cada vez que ves a Cesar.
11 Mi abuelo __________ todos los días, antes de ducharse.
12 Todos los veranos __________ (nosotros) en el mar.

8 Distingue las frases reflexivas de las recíprocas.

1 Marcos y Ana se quieren como hermanos. *recíproca*
2 No te pones mi ropa porque no te queda bien. __________
3 Fran y Carlos se conocen desde pequeños. __________
4 Ellas se cuentan todas sus cosas. __________
5 José y yo nos prestamos los zapatos. __________
7 Jorge se mira mucho al espejo. __________
6 Mis compañeros se quejan por todo. __________
8 Mi madre se tiñe el pelo. __________
9 Sergio y Antonio se pelean por ver la tele. __________
10 Nos comemos un bocata y vamos al cine. __________
12 Los domingos nos quedamos en casa. __________
11 Yo me levanto muy temprano para ir a trabajar. __________

Demostrativos: adjetivos y pronombres

SINGULAR		PLURAL	
MASCULINO	FEMENINO	MASCULINO	FEMENINO
este ese aquel	esta esa aquella	estos esos aquellos	estas esas aquellas

Los demostrativos sitúan el objeto al que se refieren a una mayor o menor distancia, tanto en el espacio como en el tiempo. Se pueden usar como adjetivos o también como pronombres.

Este se refiere a algo o a alguien que está cerca del hablante (*aquí*).

Esta casa es de Ana.

Ese se refiere a algo o a alguien que está un poco más lejos del hablante y más cerca del oyente (*ahí*).

Esa casa es de mis abuelos.

Aquel indica algo o alguien que está lejos del hablante y del oyente (*allí*).

Aquella casa es de un actor famoso.

NEUTRO	NEUTRO	NEUTRO
esto	eso	aquello

El demostrativo neutro se usa solamente como pronombre y se refiere a algo indeterminado, del que no conocemos el nombre (por ej. un objeto) o cuando hablamos de algo no específico. Es como decir «*esta*», «*esa*» o «*aquella cosa*».

A *¿Qué es eso?*
B *No lo sé. Puede ser una botella.*

1 Cambia el número como en el ejemplo.

1 este señor → *estos señores*
2 esa duda → ______
3 aquel edificio → ______
4 esos bolsos → ______
5 esta butaca → ______
6 esos cuadros → ______
7 aquella noche → ______
8 este armario → ______
9 esos aviones → ______
10 esas patatas → ______
11 aquellos años → ______
12 ese libro → ______

2 Señala la respuesta correcta.

1 Mi casa es __________ de allí.
a esta b aquello c aquella d eso

2 __________ tienda está aquí cerca.
a Aquella b Aquel c Esta d Ese

3 ¿Conoces a __________ chica de ahí?
a ese b esta c esa d aquel

4 __________ de allí son mis primos.
a Aquellos b Estos c Aquellas d Esas

5 Aquí está __________ estanco.
a este b esa c aquel d estos

6 Ceno en __________ restaurante de ahí.
a eso b este c aquel d ese

7 Aquellas zapatillas no son nada cómodas y, además, dan mucho calor. __________ de aquí, en cambio, son perfectas.
a Estas b Esa c Esas d Estos

8 Allí hay unas medias. ¿__________ medias son de algodón?
a Aquel b Estas c Esos d Aquellas

3 Completa con el demostrativo correcto.

1 Yo vivo ahí. Vivo en __________ casa.
2 Evoco el día de mi nacimiento. Evoco __________ día.
3 Paseo por el parque. __________ parque es grande.
4 Me gustan los pendientes que llevas. __________ pendientes son bonitos.
5 Compro el vestido del escaparate. Compro __________ vestido.
6 Observo las montañas desde mi ventana. __________ montañas son los Pirineos.
7 Leo un libro de historia. __________ libro es interesante.
8 Allí termina la calle. __________ es el final de la calle.
9 Me como un "chupa-chups". __________ "chupa-chups" es de naranja.
10 Ahí está Luisa. __________ es Luisa.
11 Necesito la silla que está en el otro cuarto. Necesito __________ silla.
12 Te regalo todas las cosas que tú deseas. Te regalo todo __________.

4 Completa con el demostrativo correcto teniendo en cuenta la "referencia" entre paréntesis.

1 No como __________ carne porque está mala. (ahí)
2 __________ vez no estoy segura del todo de terminar a tiempo. (ahora)
3 __________ paisaje es estupendo. (allí)
4 Utilizo __________ cuchillo porque el otro no corta. (aquí)
5 Me impresiona mucho __________ tipo de cosas. (ahí)
6 Creo que __________ tiempos no se olvidan nunca. (pasado)
7 No es __________ lo que deseo. (aquí)
8 Pienso inaugurar __________ museo la semana próxima. (aquí)
9 __________ vestido de la tienda del centro me encanta. (allí)
10 __________ programa de radio transmite solo música clásica. (ahí)
11 Él compra __________ marca de café porque las otras no le gustan. (aquí)
12 Me quedo con __________ zapatos. Son muy cómodos. (ahí)

5 Completa con los demostrativos del recuadro.

eso   aquella   aquello (x2)   este   esta (x2)   estas   esto   aquellos

1 Hace mucho calor, __________ calor es insoportable.
2 A La cultura es importante para los países.
B __________ es cierto.
3 __________ niña está muy caliente. ¿Por qué no llamas al médico?
4 ¡Qué bonitos __________ pantalones verdes de allí!
5 Compramos la casa que está en la montaña. Compramos __________ casa.
6 ¿Ves __________ de allí?
7 A ¿Qué es __________?
B Es el horizonte.
8 Fotografío las cosas que veo aquí. Fotografío __________ cosas.
9 A ¿Para qué sirve __________?
B Sirve para arreglar la radio.
10 La gente de mi alrededor es acogedora. __________ gente es acogedora.

6 9 Mira las fotos y completa los textos. Comprueba tus respuestas con el CD.

Barranca se encuentra a 193 km de Lima ciudad, para llegar a ella hay que seguir la carretera Panamericana Norte. En Barranca puedes visitar la Fortaleza de Paramonga, restos arquitectónicos pre-incas, disfrutar de playas preciosas como Chorillos y comer platos como el Cebiche de pato y el Pepián de gallina.
En (**1**) ______________ foto puedes admirar una calle de Barranca con sus casas típicas: (**2**) ______________ casa aquí enfrente es naranja y marrón, (**3**) ______________ casa ahí al lado que es morada y verde y (**4**)______________del fondo es azul.

Las fiestas de San Fermín o "sanfermines" son una celebración en honor a San Fermín que tiene lugar anualmente (en julio) en la ciudad española de Pamplona. Los festejos comienzan con el lanzamiento del "chupinazo" (cohete) desde el balcón del Ayuntamiento de Pamplona y terminan con el "Pobre de mí", una canción de despedida. Una de las actividades más famosas de los sanfermines es el encierro, que consiste en un recorrido de 849 metros delante de los toros y que culmina en la plaza de toros.
(**5**) ______________ personas en los balcones están mirando a (**6**) ______________ gente en la calle, no se ven toros pero (**7**) ______________ al final de la calle seguro que los ven.

La negación. La interrogación. Los interrogativos

La negación: el adverbio de negación es *no* y se coloca delante del verbo.
Jorge no es listo. *No me gusta ese vestido.*

La interrogación: en la lengua escrita la frase interrogativa se caracteriza porque lleva dos signos interrogativos, uno al principio y otro al final de la pregunta: *¿…?*

Los vocativos y las subordinadas que van delante se escriben fuera de la pregunta.
Patri, ¿sabes ya qué hacer estas vacaciones? *Si queremos, ¿podemos ir todos?*

Los pronombres sujeto suelen omitirse, excepto cuando la respuesta a la pregunta es un *sí* o un *no*.
¿Nosotros tenemos un ordenador como este?

El sujeto se puede poner detrás del verbo para dar más énfasis o evitar ambigüedades.
¿Escribo yo la lista? *¿Paga usted o paga ella?*

Los pronombres sujeto de cortesía casi nunca se omiten y suelen ir detrás del verbo.
¿Son ustedes los señores Pérez?

Los interrogativos

Qué es invariable y se refiere a objetos o a acciones.
¿Qué vestido prefieres? *¿Qué haces?*

Quién / Quiénes se refieren a personas.
¿Quién es ese señor? *¿Quiénes son esos señores?*

Cuánto / Cuánta / Cuántos / Cuántas expresan cantidad y concuerdan en género y número con el nombre al que acompañan o al que sustituyen.
¿Cuántos huevos quedan en la nevera? *¿Cuántos hay?*

Cuál / Cuáles se refieren a cosas o personas. No van nunca delante del nombre.
¿Cuál te gusta más?

Cuándo se refiere al tiempo.
¿Cuándo llevas el libro a la biblioteca?

Cómo es invariable y se usa para preguntar por el modo.
¿Cómo se llama usted?

Dónde es invariable y se refiere al lugar.
¿Dónde está la parada del autobus? *¿Dónde están los estudiantes?*

¡Atención!

Los interrogativos pueden ir precedidos por una preposición.
¿Por qué? (causa), ***¿Para qué?*** (finalidad), ***¿Adónde?*** (movimiento hacia un lugar), ***¿De dónde?*** (procedencia, origen), ***¿Por dónde?*** (lugar a través del cual)…
¿De dónde vienes a estas horas?

1 Pon las frases en forma negativa.

1 Él habla inglés.
_______________.

2 Nosotros estamos contentos.
_______________.

3 Ellos estudian historia.
_______________.

4 Ella vive en una casa grande.
_______________.

5 Usted baila bien.
_______________.

6 Tú sales mucho.
_______________.

2 Transforma las afirmaciones en preguntas con énfasis.

1 Ana come en casa.
¿Come Ana en casa?

2 Tú trabajas en ese banco.
¿ ______________________________ ?

3 Usted viaja en avión.
¿ ______________________________ ?

4 Él vive en Londres.
¿ ______________________________ ?

5 Ustedes suben en ascensor.
¿ ______________________________ ?

6 Tomás y Roque son compañeros de clase.
¿ ______________________________ ?

3 Cambia la pregunta siguiendo el ejemplo.

1 ¿De dónde eres tú?
Y tú, ¿de dónde eres? ?

2 ¿A quién está usted esperando?
______________________________ ?

3 ¿Clara y tú recibís muchas cartas?
______________________________ ?

4 ¿Ella presta sus libros?
______________________________ ?

5 ¿Ustedes estudian arquitectura?
______________________________ ?

6 ¿Su madre se llama Pilar?
______________________________ ?

4 Pon la terminación adecuada.

1 ¿Cuánt__ dinero ganas al mes?
2 ¿Cuánt__ libros de aventuras tenemos?
3 ¿Cuánt__ idiomas hablas correctamente?
4 ¿Cuánt__ cuesta ese coche?
5 ¿Cuánt__ gente está esperando el autobús?
6 ¿Cuánt__ veces se equivoca?
7 ¿Cuánt__ azúcar compro?
8 ¿Cuánt__ niñas saltan a la cuerda?

5 (10) Ordena las palabras y escucha el CD para comprobar tus respuestas.

1 Juan / es / quién
¿ ______________________________ ?

2 dulces / come / cuántos / Noelia
¿ ______________________________ ?

3 la / cuándo / clase / termina
¿ ______________________________ ?

4 usted / tomar / desea / qué
¿ ______________________________ ?

5 periódico / compras / todos / el / días / los / dónde
¿ ______________________________ ?

6 los / quién / hoy / platos / lava
¿ ______________________________ ?

7 los / hablan / inglés / cómo / niños
¿ ______________________________ ?

8 por / nervioso / estás / qué
¿ ______________________________ ?

9 el / dónde / cuarto / está / baño / de
¿ ______________________________ ?

10 país / habitantes / qué / tiene / más
¿ ______________________________ ?

6 Relaciona cada pregunta con la respuesta correspondiente.

1 ¿Dónde estás?
2 ¿Cómo os llamáis?
3 ¿Por qué llora?
4 ¿A qué hora regresáis?
5 ¿Desde dónde llamas?
6 ¿Para quién es el bolso?
7 ¿Adónde vais?
8 ¿De dónde venís?
9 ¿Por dónde vais?
10 ¿Qué te pasa?

a ☐ Desde un bar
b [1] En mi casa
c ☐ Nada
d ☐ Por la autovía
e ☐ Paz y Ángeles
f ☐ A las siete
g ☐ De la estación
h ☐ A mi casa
i ☐ Porque está triste.
j ☐ Para mi tía

7 Completa las preguntas con *dónde, de dónde, adónde, cómo, cuándo* y *por qué.*

1 A ¿__________ vas?
B Voy a Cadiz.
2 A ¿__________ llega tu tía?
B Llega el martes a las tres.
3 A ¿__________ son tus amigos?
B Son japoneses.
4 A ¿__________ vive el señor López?
B Vive cerca de la oficina.
5 A ¿__________ cambias esos zapatos?
B Porque son grandes.
6 A ¿__________ pasan ustedes las vacaciones?
B Las pasamos en Mallorca.
7 A ¿__________ vamos a casa?
B Vamos en coche.
8 A ¿__________ planchàis vuestra ropa?
B La planchamos todos los días.
9 A ¿__________ estudia Raquel?
B Estudia en la universidad.
10 A ¿__________ está Julia?
B Está cansada, pero bien.
11 A ¿__________ se llama ese chico?
B Manuel
12 A ¿__________ quedamos?
B Quedamos en la puerta del cine.

8 Completa con *qué, cuál, cuáles, quién,* y *quiénes.*

1 ¿__________ quita la mesa?
2 ¿__________ de estos vestidos te gusta más?
3 ¿__________ línea de metro cogemos?
4 ¿__________ es su dirección?
5 ¿__________ son tus apellidos?
6 ¿__________ son esos chicos?
7 ¿__________ canción estás cantando?
8 ¿__________ comemos hoy en casa?
9 ¿__________ son tus películas preferidas?
10 ¿__________ quieres, esta o aquella? 11
¿__________ comemos hoy nosotros?
12 ¿A __________ hora llega Juan?
13 ¿__________ gritáis tanto vosotros?
14 A ¿Para __________ son estas fotocopias?
B Son para mí.

9 🎧 11 **Utiliza las respuestas para efectuar las preguntas apropiadas utilizando los adverbios interrogativos y las locuciones interrogativas. Escucha el CD para comprobar tus respuestas.**

1 ¿______________________________?
Los zapatos negros del escaparate cuestan 80 euros.

2 ¿______________________________?
Normalmente vengo a la universidad en autobús porque en esta zona es muy difícil aparcar.

3 ¿______________________________?
Ese joven escritor publica su primera novela con tan solo diecisiete años.

4 ¿______________________________?
Sé nadar desde siempre.

5 ¿______________________________?
Me gustan los pantalones negros, son más formales.

6 ¿______________________________?
No viene a la cena porque le duele mucho la cabeza.

7 ¿______________________________?
Este nuevo programa informático sirve para crear bases de datos.

8 ¿______________________________?
Trabajo en una peluquería de mi ciudad.

9 ¿______________________________?
El Festival de Cine de San Sebastián abre hoy sus puertas.

10 ¿______________________________?
El protagonista de esa película de piratas es el famoso actor Johnny Depp.

10 **Escribe 8 preguntas para una persona que acabas de conocer y contesta con tus datos personales.**

1 ______________________________

2 ______________________________

3 ______________________________

4 ______________________________

5 ______________________________

6 ______________________________

7 ______________________________

8 ______________________________

Los números

Cardinales

0 cero	11 once	22 veintidós	90 noventa	1.000 mil
1 uno	12 doce	23 veintitrés	100 cien	2.000 dos mil
2 dos	13 trece	24 veinticuatro	101 ciento uno	10.000 diez mil
3 tres	14 catorce	25 veinticinco	200 doscientos	20.000 veinte mil
4 cuatro	15 quince	30 treinta	300 trescientos / as	100.000 cien mil
5 cinco	16 dieciséis	31 treinta y uno	400 cuatrocientos / as	200.000 doscientos mil
6 seis	17 diecisiete	40 cuarenta	500 quinientos / as	1.000.000 un millón
7 siete	18 dieciocho	50 cincuenta	600 seiscientos / as	2.000.000 dos millones
8 ocho	19 diecinueve	60 sesenta	700 setecientos / as	1.000.000.000 mil millones
9 nueve	20 veinte	70 setenta	800 ochocientos / as	1.000.000.000.000 un billón
10 diez	21 veintiuno	80 ochenta	900 novecientos / as	2.000.000.000.000 un billones

Del *31* al *99*, la R.A.E. aconseja escribir los números separados.
García Lorca fallece a la edad de treinta y ocho años.

Uno y todos sus compuestos pierden la ***-o*** delante de un sustantivo masculino. Además, tienen femenino.
Pasa un mes al año en Menorca con uno de sus hijos. *Posee una colección estupenda de sellos.*

Cien y *mil* son invariables.
Del *200* al *900* concuerdan en género con el sustantivo.
El viaje de ida y vuelta son mil doscientos euros. *Esas sillas cuestan mil doscientas libras.*

Millón y *billón* llevan la preposición *de* cuando van acompañados por un sustantivo.
En la lotería gana un millón de euros.

¡Atención!

1.500.000 se puede decir *un millón quinientos mil* o *un millón y medio*.

Ordinales

1º primero	3º tercero	5º quinto	7º séptimo	9º noveno
2º segundo	4º cuarto	6º sexto	8º octavo	10º décimo

Los ordinales concuerdan en género y número con el sustantivo al que acompañan.
Es la cuarta vez que paso por aquí. *Sois los primeros alumnos que llegáis a clase.*

Primero y *tercero* pierden la ***-o*** final delante de un sustantivo masculino singular.
El primer hombre se llama Adán.

¡Atención!

Los números ordinales se usan hasta *10*, a partir del *11°* se utiliza el cardinal correspondiente.
Vivo en el piso trece de ese edificio.

Fraccionarios

1/2 un medio, una / la mitad	1/8 un octavo, una / la octava parte
1/3 un tercio, una / la tercera parte	1/9 un noveno, una / la novena parte
1/4 un cuarto, una / la cuarta parte	1/10 un décimo, una / la decima parte
1/5 un quinto, una / la quinta parte	1/100 un centésimo, una / la centésima parte
1/6 un sexto, una / la sexta parte	1/1000 un milésimo, una / la milésima parte
1/7 un séptimo, una / la séptima parte	

Numerador: es siempre un número cardinal.
Me tocan dos tercios (2/3) *de la herencia.*

Denominador: a partir del *11* = cardinal + ***-avo***(*s*).
El terreno está dividido en 20 partes y a cada uno de los hijos les tocan tres veinteavos (3/20).

• **Múltiplos**

x2 doble	x3 triple	x4 cuádruple	x5 quíntuple

¡Atención!

Otra fórmula es utilizar un cardinal + *veces* (*más*)
El avión es más rápido; en tren tardas tres veces (*más*).

1 Subraya la opción correcta.

1 *un / uno* coche
2 *cien / cientas* tiendas
3 *cien uno / ciento un* ordenadores
4 *mil quiniento / mil quinientos* euros
5 *trescientas / trescientos* libras
6 *setenta y cinco / setentacinco* personas
7 *doscientas mil / doscientos miles* personas
8 *dos mil / dos miles* hombres
9 *dieciséis / diez seis* hombres
10 *veinti / veinte* chicas

2 Escribe en letras la cuenta que te propone este chiste.

El maestro pregunta al alumno: «A ver Juanito, si guardas 4 euros en el bolsillo y pierdes 1/4 del total, ¿qué llevas en el bolsillo?». Juanito: «Un agujero». ______________________________

3 Escucha el CD y escribe los números cardinales en números y letras.

1 *6, seis*
2 ____
3 ____
4 ____
5 ____
6 ____
7 ____
8 ____
9 ____
10 ____

4 Escribe los números con letras.

1 En 1912 ____ el *Titanic* choca contra un iceberg.
2 Por 850 ____ euros puedes viajar al Caribe en régimen de pensión completa.
3 En el 10º ____ piso de ese edificio vive mi amiga Laura.
4 1/8 ____ de mi sueldo lo gasto para pagar la hipoteca de mi coche.
5 1 ____ jarra de agua de Valencia lleva 2/5 ____ de zumo de naranja y 1/6 ____ de cava.
6 El Estadio del Mestalla tiene 48.300 ____ localidades, y solo 2.700 ____ no pertenecen a los socios del club valenciano.
7 Espero ganar 1.500.000 ____ euros con un décimo de la lotería de Navidad.
8 Mi hermano tiene 35 ____ años y mi abuela ____ (x2).

5 Escucha el CD y escribe los números ordinales, fraccionarios y múltiplos en números y letras.

1 ____
2 ____
3 ____
4 ____
5 ____
6 ____
7 ____
8 ____
9 ____
10 ____

6 Escucha el CD y completa las frases.

1 En España reina el Rey Juan Carlos ____.
2 Necesito ____ de kilo de jamón de York.
3 En ____ se celebra el ____ centenario del descubrimiento de América.
4 Un libro se paga unos ____ euros.
5 Para comprar un coche necesitas, por lo menos, ____ ó ____ euros.
6 La superficie total de la península Ibérica es de ____ kilómetros cuadrados.
7 Adoramos la música de los ____.
8 Me falta más de la ____ del libro.
9 En ____ Marconi realiza la ____ comunicación por radio.
10 En España el día de la mala suerte es el martes y ____.
11 Mi número de teléfono es: ____.
12 Leo un libro del siglo ____ para clase.

La hora. Saludos y despedidas

Preguntar la hora: *¿qué hora es?*

Responder: *es la una… son las dos…*

Son las tres (en punto).

Son las tres y cinco.

Son las tres y cuarto.

Son las tres y media.

Son las cuatro menos veinte.

Son las cuatro menos cuarto.

Son las cuatro menos cinco.

En la lengua hablada se utilizan los números del 1 al 12 para todas las horas y, si es necesario, se especifica la parte del día.

06:00 – 14:00 *…de la mañana*
14:00 – 21:00 *…de la tarde*
21:00 – 00:00 *…de la noche*
00:00 – 06:00 *…de la madrugada*
18:00 = *Son las seis* (*de la tarde*).

Los números del 0 al 23 se utilizan especialmente para horarios oficiales. Se puede incluir la palabra *horas* detrás del número.
El tren sale a las veintidós cuarenta y cinco (*22:45*). *El avión llega a las veintidós horas* (*22:00*).

mediodía / *las doce de la mañana, las doce de la noche*

¡Atención!

Mediodía se usa poco, solo para hablar del espacio de tiempo que va desde la 1 hasta las 3 de la tarde.

Saludos y despedidas

SALUDOS		DESPEDIDAS
¡Hola!	¡Buenos días! (06:00 - 14:00) ¡Buenas tardes! (14:00 - 21:00) ¡Buenas noches! (21:00 - 06:00)	¡Adiós! ¡Hasta luego!

¡Atención!

Las expresiones *buenos días*, *buenas tardes* y *buenas noches* se pueden utilizar solas o pueden acompañar al saludo / despedida para darle un carácter más formal.

1 ¿Qué hora es?

1 *Son las tres y media de la tarde.*

2 ______________________________.

3 ______________________________.

4 ______________________________.

5 ______________________________.

6 ______________________________.

7 ______________________________.

8 ______________________________.

9 ______________________________.

10 ______________________________.

11 ______________________________.

12 ______________________________.

13 ______________________________.

14 ______________________________.

2 ¿A qué hora...?

1 ¿A qué hora cenas todos los días?

__________________.

2 ¿A qué hora empiezas las clases / a trabajar?

__________________.

3 ¿A qué hora te levantas de lunes a viernes?

__________________.

4 ¿A qué hora te levantas los domingos?

__________________.

5 ¿A qué hora sales de la escuela / del trabajo?

__________________.

6 Normalmente ¿a qué hora te acuestas?

__________________.

7 ¿A qué hora coméis en tu casa los días de diario?

__________________.

8 ¿A qué hora transmiten el Telediario del mediodía en tu país?

__________________.

9 ¿Y el de la noche?

__________________.

10 ¿A qué hora empieza la última sesión de cine?

__________________.

3 Elige el saludo o la despedida correcta para cada situación.

Buenos días. Hola, buenos días. Hola, ¿qué tal?
Buenas noches, está... Buenas tardes. Gracias, hasta luego.

4 Escribe una forma de saludo o despedida.

1 El tren sale de la estación a las 09:15.

__________________.

2 Entras en un restaurante. Son las 22:00.

__________________.

3 Sales del restaurante a las 12 de la noche.

__________________.

4 Te levantas a las 08:00.

__________________.

5 Entras en la consulta del médico. Son las 16:30. __________________.

6 Te marchas de la oficina de pasaportes a las 10:15. __________________.

7 Tus amigos te invitan a comer a su casa. Son las 14:00. __________________.

8 Termina la comida a las 16:30.

__________________.

Posesivos: adjetivos y pronombres

Adjetivos posesivos

	SINGULAR		PLURAL	
	MASCULINO	FEMENINO	MASCULINO	FEMENINO
yo	mi	mi	mis	mis
tú	tu	tu	tus	tus
él / ella / usted	su	su	sus	sus
nosotros / nosotras	nuestro	nuestra	nuestros	nuestras
vosotros / vosotras	vuestro	vuestra	vuestros	vuestras
ellos / ellas / ustedes	su	su	sus	sus

Los adjetivos posesivos preceden al sustantivo y no van precedidos por el artículo determinado.
Mi casa es grande. *Sus pantalones son nuevos.*

Pronombres posesivos

	SINGULAR		PLURAL	
	MASCULINO	FEMENINO	MASCULINO	FEMENINO
yo	mío	mía	míos	mías
tú	tuyo	tuya	tuyos	tuyas
él / ella / usted	suyo	suya	suyos	suyas
nosotros / nosotras	nuestro	nuestra	nuestros	nuestras
vosotros / vosotras	vuestro	vuestra	vuestros	vuestras
ellos / ellas / ustedes	suyo	suya	suyos	suyas

Los pronombres posesivos pueden llevar delante el artículo determinado y pueden ir después del sustantivo (posesivos pospuestos).
A ¿Esta es la cartera de Julia? *Estas gafas no son mías.*
B Sí, es la suya.

Los posesívos pospuestos se usan cuando el sustantivo al que acompañan está precedido por un artículo indeterminado, un demostrativo, un indefinido* o un numeral.
Un amigo mío. *Esta alumna tuya.*
Algunos amigos tuyos. *Dos estudiantes suyos.*

¡Atención!

El nombre conserva delante su artículo indeterminado, demostrativo, indefinido o numeral.
Un amigo mío me llama todos los días. *Este amigo mío me llama todos los días.*
Ningún amigo mío me llama todos los días. *Dos amigos míos me llaman todos los días.*

*ver Grámatica Práctica A2

1 Completa con los adjetivos posesivos correctos.

1 En el armario vosotros tenéis __________ jerseys, __________ pantalones, __________ camisetas, __________ faldas y __________ abrigos.
2 En la habitación nosotros tenemos __________ armario, __________ camas, __________ escritorio, __________ sillas, __________ libros y __________ juguetes.
3 En la cartera usted tiene __________ dinero, __________ documentos, __________ tarjetas de crédito y la foto de __________ familia.
4 En el estuche Ana tiene __________ bolígrafo, __________ goma, __________ lápices, __________ sacapuntas, __________ tijeras y __________ pegamento.
5 En el bolso yo tengo __________ cartera, __________ monedero, __________ gafas de sol y __________ llaves.
6 En el coche tú tienes __________ paraguas, __________ guantes y __________ zapatos nuevos.

2 Completa las frases mirando las fotos.

1 Es __________________________.

2 Son __________________________.

3 Es __________________________.

4 Es __________________________.

3 Completa con el pronombre posesivo como en el ejemplo.

1 Los libros son *suyos* (de Jorge).
2 La habitación es ________ (de él).
3 Las muñecas son ________ (de la niña).
4 Esas cosas son ________ (de ustedes).
5 La revista es ________ (de Elisa).
6 El hotel es ________ (de ellos).
7 Esas fotos son ________ (de usted).
8 Los relojes son ________ (de nosotras).
9 El llavero es ________ (de mi tío).
10 La casa es ________ (de vosotros).

4 Une las dos columnas.

1 Son mis gafas.
2 Este es tu paraguas.
3 Son sus impermeables.
4 Son vuestras camisas.
5 Es su corbata.
6 Es mi carpeta.
7 Son nuestros zapatos.
8 Es vuestro coche.
9 Es mi libro.
10 Son tus pantalones.

a ☐ Son suyos.
b ☐ Son vuestras.
c 1 Son mías.
d ☐ Son tuyos.
e ☐ Es tuyo.
f ☐ Son nuestros.
g ☐ Es vuestro.
h ☐ Es suya.
i ☐ Es mía.
j ☐ Es mío.

5 Transforma las frases como en el ejemplo.

1 Me deja su libro.
Me deja un libro suyo.
2 Ricardo canta mi canción.
________.
3 Estudian con sus compañeros.
________.
4 Te dejamos nuestros apuntes.
________.
5 Gustavo y Teo son mis amigos.
________.
6 Vivimos con nuestra tía.
________.
7 Me presta su pañuelo.
________.
8 Coméis con vuestras profesoras.
________.
9 Andrea recibe tu carta cada semana.
________.
10 Vivís en su piso de la playa.
________.

UNIDAD 11 Posesivos: adjetivos y pronombres

6 **Responde a las siguientes preguntas con una de las opciones.**

1 A ¿Esta chaqueta es de Lucía?
B No, es __________.
a mi b suyas c mía

2 A ¿Esas camisas son tuyas?
B No, son __________.
a tus b mías c tuya

3 A ¿Aquel coche es de Miguel?
B No, es __________.
a su b mío c mía

4 A ¿Estos pantalones son míos?
B No, son __________.
a sus b suyos c tus

5 A ¿Esta maleta es suya, Sr. Ruiz?
B No, no es __________.
a tuya b nuestro c mía

6 A ¿Ese bolígrafo es de Patricia?
B No, es __________.
a su b tuyo c suya

7 A ¿Estas zapatillas son tuyas?
B No, son __________.
a suyas b sus c mis

8 A ¿Aquellos árboles son del jardín de Carlos?
B No, son del __________.
a tu b míos c nuestro

9 A ¿Esa fotografía es vuestra?
B No, es __________.
a su b sus c suya

10 A ¿Este café es mío?
B No, es __________.
a tus b vuestra c mío

7 15 **Completa las frases como en el ejemplo y escucha el CD para comprobar tus respuestas.**

1 Lucrezia es italiana.
Su país es Italia.

2 Rhian es irlandesa.
__________________________.

3 Tú y yo somos belgas.
__________________________.

4 Eres francés.
__________________________.

5 Mis amigos son venezolanos.
__________________________.

6 Sois griegos.
__________________________.

7 Somos canadienses.
__________________________.

8 Soy suizo.
__________________________.

9 Pepi y Lidia son españolas.
__________________________.

10 ¿Este chico es peruano?
__________________________.

hay / está(n)

Hay es la forma impersonal del verbo *haber*. Es invariable: solo usa la 3ª persona del singular, en cualquiera de los tiempos verbales.
Se usa para comentar o preguntar por la existencia de algo y se utiliza:

- con sustantivos (sin artículos)
  Hay gente. *Hay libros interesantes.*
- con artículos indeterminados
  Hay unos libros de francés en mi cuarto.
- con indefinidos y numerales
  Hay mucha gente. *Hay muchos libros interesantes.* *Hay cuatro libros en la mesa.*
- con *de todo*
  En esta tienda hay de todo.

¡Atención!

En los demás tiempos se usa la tercera persona del singular del verbo *haber*: *ha habido, había, había habido, hubo, hubo habido, habrá, habrá habido, habría, habría habido, hubiera o hubiese, hubiera habido o hubiese habido.*

Está y ***están*** son la 3ª persona del singular y del plural del verbo *estar*. Se usan para comentar o preguntar por la localización de cosas o personas que el hablante sabe que existen.
Se utilizan:

- con artículos determinados
  ¿Dónde está el libro de Geometría? *¿Dónde están los libros de Español?*
- con adjetivos posesivos
  Aquí está tu libro. *Aquí están sus libros.*
- con nombres propios
  A ¿Está Pedro? *A ¿Están los estudiantes de español?*
  B No, no está. *B Sí, están en el laboratorio.*
- con *todo / a / os / as*
  Ya está todo en la mesa. *Ya están todos los platos en la mesa.*
- con demostrativos
  ¿Dónde está ese cuadro del que hablas? *¿Dónde están esos cuadros de los que hablas?*

1 Completa con *hay* o *está(n)*.

1 __________ coches
2 __________ todas
3 __________ un bar
4 __________ muchos
5 __________ mi padre
6 __________ de todo
7 __________ el novio
8 __________ tres libros
9 __________ tema
10 ¿__________ Laura?
11 ¿__________ una Laura aquí?
12 __________ su madre

2 **Subraya la forma correcta como en el ejemplo.**

1 En tu cuarto *hay* / *está* mucha ropa.
2 En el zoo *están* / *hay* animales de todas las especies.
3 Cerca del ayuntamiento *está* / *hay* el Banco Central.
4 A ¿Dónde *hay* / *están* mis calcetines?
B *Está* / *Están* en tu habitación.
5 ¿*Hay* / *Está* un supermercado en esta calle?
6 Encima de la cama *hay* / *está* tu camisa nueva.
7 ¡Hola, buenos días! ¿*Hay* / *Está* el señor García?
8 A ¿Qué *está* / *hay* en esa caja?
B No *está* / *hay* nada.
9 En la mesa *están* / *hay* los discos de Lola.
10 *Están* / *Hay* dos cartas para ti.

3 **Completa con *hay*, *está*, *están*.**

1 ¿__________ un restaurante por aquí?
2 Cerca de mi apartamento __________ una boca de metro.
3 ¿Dónde __________ mis llaves?
4 La caldera de la calefacción __________ en el sótano.
5 En esa biblioteca __________ muchos libros antiguos.
6 Estas sillas __________ fuera de su sitio.
7 En la despensa __________ dos latas de atún.
8 En el centro __________ muchas calles estrechas.
9 A ¿Dónde __________ el coche?
B El coche __________ enfrente de mi casa.
10 Lo siento. No __________ vino en casa.
11 En Benidorm __________ muchos bares.
12 La Oficina de Turismo __________ cerca de la estación de tren.
13 No __________ leche en la nevera.
14 Hola, soy Pedro. ¿__________ Paula?

4 16 **¿Cuál es la habitación de Ana? Escucha su descripción.**

A ☐

B ☐

5 16 **Ahora completa el texto y vuelve a escuchar el CD para comprobar tus respuestas.**

En mi dormitorio (1) __________ dos camas y un armario. En una de las camas (2) __________ una colcha preciosa, de rayas, en la otra (3) __________ la colcha preferida de mi hermano, de lunares. También tengo una mesilla de noche en la que (4) __________ el despertador y la lámpara. En el suelo, junto a mi cama, (5) __________ una alfombra muy bonita de color rosa. Luego, en la pared (6) __________ dos estanterías con unos libros y un par de pósters. ¡Uno de ellos es de mi cantante preferido!

6 17 **Completa los diálogos con *hay / está(n)* y escucha el CD para comprobar tus respuestas.**

A ¡Perdone! ¿Sabe dónde (1) __________ una farmacia de guardia?
B De guardia no sé, pero sé que (2) __________ una al lado del Banco de Santander y creo que (3) __________ otra en la calle Portugal.
A ¿Donde (4) __________ la peluquería?
B Donde (5) __________ los soportales.
A ¡Ah! ¡Sí! Es verdad. ¡Muchas gracias!
B De nada, ¡adiós!

A Oye, por favor, ¿puedes decirme dónde (6) __________ la plaza de toros? Estoy buscando el restaurante de un amigo que (7) __________ allí cerca.
B Emm... pero la plaza de toros (8) __________ lejos.
A ¿Y dónde (9) __________?
B (10) __________ cerca de la plaza del Ayuntamiento, donde (11) __________ los mejores bares de la ciudad y también (12) __________ un restaurante que se llama "Balconcillo", ¿es ese?
A ¡Sí! (13) __________ un banco al lado y (14) __________ una tienda de ropa en frente.
B ¡Vale! Pues el autobus número 12 para justo allí.
A ¡Muchas gracias!
B De nada, ¡adiós!

UNIDAD 13

Situar en el espacio

Para indicar la posición de una persona o de un objeto usamos los ubicadores, que pueden ser preposiciones o locuciones.

El pájaro está ***sobre / encima de*** *la jaula.*

El pájaro está ***sobre / encima de*** *la jaula.*

El pájaro está ***debajo de*** *la jaula.*

El pájaro está ***en / dentro de*** *la jaula.*

El pájaro está ***fuera de*** *la jaula.*

El pájaro está ***detrás de*** *la jaula.*

El pájaro está ***delante de*** *la jaula.*

El pájaro está ***enfrente de*** *la ventana.*

El pájaro está ***entre*** *la jaula y la ventana.*

El pájaro está ***al lado del*** *árbol.*

La jaula está ***en*** *el trípode.*

La jaula está ***en el centro de*** *la habitación.*

El pájaro está ***a la derecha de*** *la jaula.*

El pájaro está ***a la izquierda de*** *la jaula.*

Mi casa está ***al final de*** *la calle.*

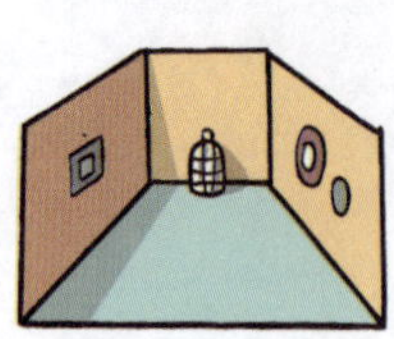

La jaula está ***al fondo de*** *la habitación.*

1 **Elije la opción correcta.**

1 El sillón está *encima* / *debajo de* la alfombra.
2 Su gato está todo el dia durmiendo *encima* / *en* la cesta.
3 Mi casa está *enfrente* / *entre* la de Saray y la de Pedro.
4 La plaza suele estar *en el centro* / *a la derecha* de la ciudad.
5 Pon el mando *delante* / *detrás* de la televisión para apagarla.
6 El baño está *al final* / *al lado* del pasillo.
7 La cama de Loli es la que está *a la izquierda* / *al fondo* de la mesita.
8 Dejo la leche *dentro* / *fuera* de la nevera porque no me gusta fría.
9 *Delante* / *Detrás* de mí hay un hombre muy alto y no veo la película.
10 Nacho vive en la finca *enfrente* / *debajo* de la gasolinera.

2 **Mira los dibujos y completa las frases.**

1 La rana toma el sol ______________ la piedra.

2 La rana se esconde ______________ la piedra.

3 Ya no se esconde: está ______________ la piedra.

4 ¡Pobre rana! Ahora está ______________ una caja.

5 ¡Una rana con una piedra ______________ la cabeza!

6 Así la veo bien: está justo ______________ la piedra.

7 ¡Mira! Una foto de la rana ______________ la pared.

8 Por fin, tranquila ______________ dos piedras.

3 Mira el dibujo de este despacho y contesta a las preguntas.

1 ¿Dónde está el escritorio?

______________________________.

2 ¿Hay alguna planta?

______________________________.

3 ¿Dónde está la librería?

______________________________.

4 ¿Dónde está la papelera?

______________________________.

5 ¿Hay alguna alfombra?

______________________________.

6 ¿Cuántos cuadros hay? ¿Dónde están?

______________________________.

7 ¿Qué hay entre los cuadros y la librería?

______________________________.

8 ¿Dónde está la silla?

______________________________.

9 ¿Dónde está la lámpara?

______________________________.

10 ¿Dónde está el gato?

______________________________.

4 18 Escucha el CD y coloca las regiones que faltan en el mapa de España.

muy / mucho, expresión de la cantidad

Muy + adjetivo, adverbio, participio
Muy es invariable.
El café está muy caliente. *Mi hermano vive muy lejos.* *El libro está muy estropeado.*

Mucho + verbo, sustantivo, adjetivo o adverbio en grado comparativo*
Mucho concuerda en género y número con el sustantivo al que acompaña.
Me preocupa mucho. *En el escritorio hay muchos papeles.*
Siempre le echa mucha sal a la comida. *Este vestido me gusta mucho más que ése.**

Los adverbios son invariables.

poco
demasiado + verbo, adjetivo, adverbio
todo
bastante

Estos ejercicios son poco didácticos. *Coméis poco.*
Es demasiado cara para mí. *Sabe todo.*
Ese actor me gusta bastante.

Los adjetivos son variables.

poco / a / os / as
demasiado / a / os / as + sustantivo
todo / a / os / as
bastante / es

Concuerdan en género y número con el nombre al que acompañan o al que sustituyen, excepto *bastante* que solo tiene plural.
No es bueno comer poca verdura. *Hay demasiadas personas en la sala de espera.*
Todos sus cuentos son interesantes. *Leo bastantes libros al año.*

Nada es invariable. Se coloca detrás del verbo si es negativo o delante del verbo si es afirmativo.
No habla nada. *Nada sabemos de él desde hace tiempo.*

1 Subraya la opción correcta.

1 La leche está *muy / mucho* fría.
2 Quiere *muy / mucho* a su novia.
3 Mi amigo Leo es *muy / mucho* impulsivo, hace las cosas sin pensar.
4 Hace *muy / mucho* calor en agosto en Cádiz.
5 Eres *muy / mucho* alta, no te pongas tacones.
6 Este coche vale *muy / mucho*, pero es *muy / mucho* potente.
7 Aquí no hace *muy / mucho* frío, pero llueve *muy / mucho*.
8 Escribes *muy / mucho* despacio, pierdes *muy / mucho* tiempo.
9 Paco habla *muy / mucho* bajo, no se entiende *muy / mucho*.
10 Siempre llega *muy / mucho* tarde a casa porque trabaja *muy / mucho*.

*ver página 52

2 Completa las frases con *muy* o *mucho / a / os / as.*

1 Tenemos __________ compañeros de trabajo extranjeros.
2 Los jardines públicos están __________ cerca de su casa.
3 Siempre me regalan __________ flores por mi cumpleaños.
4 Estoy __________ cansado de conducir.
5 Toma __________ tila para estar tranquilo.
6 La habitación de sus padres es __________ grande.
7 En la oficina hay __________ desorden.
8 Habla __________ mal inglés.
9 Los personajes de esa película son __________ alegres.
10 Me llama por teléfono __________ veces al día.
11 La agencia alquila __________ pisos en la playa.
12 __________ bien!
13 El viaje a Perú es __________ largo.
14 Este perro tiene __________ pulgas.

3 **Completa con *poco / a / os / as, bastante / s, demasiado / a / os / as, todo / a / os / as.***

1 Todavía me quedan __________ caramelos.
2 Gana __________ las competiciones del colegio.
3 Se crea __________ problemas.
4 Hay __________ gente aquí, no puedo pasar.
5 No hay __________ leche para todos.
6 Pasa __________ la noche en blanco antes del examen.
7 Faltan __________ días para las vacaciones, es diciembre.
8 Hace __________ calor para salir a la calle.
9 Gastas __________ dinero en ropa, ¡ahorra un poco!
10 __________ las mañanas se levanta a las 7:30.
11 Hablo __________ idiomas para viajar por __________ el mundo.
12 Me gustan __________ las calles de esta ciudad, incluso las del casco antiguo.

4 Une las dos partes para formar frases.

1 Tenemos bastentes cosas...
2 Demasiada gente piensa...
3 Hace muchos años...
4 No me gusta nada...
5 Estos pantalones son demasiado...
6 Cuando estoy de vacaciones...
7 Estas calles son...
8 Mi profesora de matematicas...
9 *Lo imposible* es una película...
10 Alejandro tiene mucha suerte,
11 A mi padre le queda poco...
12 Todos los días desayuno...

a ☐ que las guerras son inevitables.
b ☐ muy bonita pero bastante triste.
c ☐ largos para mí.
d ☐ que discutir.
e ☐ siempre gana algo.
f ☐ café y tostadas con mermelada.
g ☐ tiene mucha paciencia.
h ☐ bastante estrechas.
i ☐ el fútbol.
j ☐ que no veo a mi primo Jaime.
k ☐ para jubilarse.
l ☐ no tengo nada que hacer.

5 (19) Completa con *poco, demasiado, bastante, todo, nada, mucho* en la forma correcta. Escucha el CD para comprobar tus respuestas.

1 Carlota no estudia __________ para aprobar los exámenes, tiene que empollar más.
2 Mi amiga habla __________, es muy tímida.
3 A ¿Qué pasa?
B No pasa __________.
4 En verano leo __________, me encanta leer en la playa.
5 Comes __________, estás engordando.
6 Gana __________ dinero porque trabaja día y noche.
7 Pasa __________ el día hablando por teléfono.
8 No veo __________ desde aquí.
9 Tengo __________ dinero para comprarme un piso.
10 Hay __________ guerras en el mundo.
11 Preparas __________ comida, siempre sobra la mitad.
12 Esta zona es un __________ oscura ya que no hay __________ faroles.
13 Mis niños ven __________ la televisión, juegan __________ el día en el jardín.
14 Te gustan __________ los dulces, comes muy __________ carne y __________ de verduras.

6 Escribe 10 frases con *muy, mucho, bastante, demasiado, poco, nada* y *todo* en la forma correcta.

1 *Ella va todos los días a la piscina, yo muchas veces voy al gimnasio.*
2
3
4
5
6
7
8
9
10

El comparativo: superioridad, inferioridad, igualdad

Superioridad e **inferioridad**

El comparativo de superioridad e inferioridad se forma con ***más / menos…***

- + ***que***
  Antes viajaba más y ganaba menos que ahora. *Estos zapatos son más baratos que otros.*
- + ***de*** + número
  Si nos juntamos todos somos más de treinta.
- + ***lo que*** + indicativo
  ¡Qué bien! Cuesta menos de lo que pensaba.
- + ***lo*** + adjetivo / participio*
  La conferencia está durando más de lo previsto.

¡Atención!

Si el segundo elemento de la comparación es un pronombre, se utiliza el pronombre sujeto.
Tú te enfadas más que yo.

Comparativos irregulares:

bien / bueno → *mejor*
mal / malo → *peor*
grande → *mayor*
pequeño → *menor*

¡Atención!

Bueno, malo, grande y *pequeño* se usan también en la forma regular.
Mi profesor es más bueno que el pan.

No… más que + número = «*solamente*»
No… más de + número = «*aproximadamente*»
No puedes reñirlo por eso, no tiene más que 10 años.
Estoy seguro de que no cuesta más de 350 euros.

Igualdad

El comparativo de igualdad se forma con:

- ***tan… como*** → adjetivos / adverbios
  No es tan torpe como tú piensas. *Has hecho este examen tan bien como el anterior.*
- ***tanto / a / os / as… como*** → verbos / nombres
  En Canarias te puedes bañar tanto en verano como en invierno.
  Julio no tiene tantos amigos como Edu porque no es tan simpático como él.
- ***igual de… que*** → adjetivos / adverbios
  Pero, ¿no te das cuenta de que es igual de caro que el otro? *Vivimos igual de bien que vosotros.*
- ***igual que*** → verbos
  Agustín habla igual que su padre.
- ***como*** → verbos
  Agustín habla como su padre.

*ver Gramática Práctica A2

1 **Elige la opción correcta.**

1 Tengo *más* / *igual* amigos que él.
2 El dinero es *tan* / *menos* importante que la salud.
3 Mi hermano es *mayor* / *grande* que el tuyo.
4 Está gastando *más* / *igual* de lo previsto.
5 Rafa tiene *menos* / *tantos* de seis primos.
6 Sara es guapa *igual* / *como* su madre.
7 Marcos es *tan* / *menos* listo como Alberto.
8 Noe tiene *tan* / *tantas* amigas como ella.
9 El equipo de Andrés es más *bueno* / *mejor* que el de Cristiano.
10 Este arroz está *igual* / *peor* de malo que ese.

2 **Mira los dibujos y completa las frases.**

1 Luisa es __________ alta que Rocío.

2 Este coche __________ de lo que piensas.

3 Raul tiene __________ de 30 años.

4 Ese ordenador es __________ moderno que este.

5 Silvia camina __________ rápido como Miriam.

6 Estos edificios son __________ de antiguos.

3 **Completa con la palabra correcta.**

1 Es un trabajo más pesado __________ lo que vosotros creéis.
2 Decir una mentira es __________ que callarse.
3 En julio podemos vernos __________ que ahora.
4 Tengo un coche mejor __________ éste.
5 Aquí no hay __________ que dos meses de lluvia al año.
6 El vino tinto es __________ de sabroso que el blanco.
7 Tú y yo estamos igual __________ morenas.
8 Seguramente somos menos __________ 20 personas.
9 Estudiar no es __________ trabajar.
10 No tengo __________ que un mes para preparar el examen.

4 **Completa con la palabra necesaria para formar un comparativo de superioridad (+), inferioridad (-) o igualdad (=).**

1 Le hacen __________ regalos __________ a mí. (+)
2 Dolores nada __________ deprisa __________ su hermano. (=)
3 En ese mercado hay muchas __________ cosas __________ en el otro. (-)
4 Caben __________ flores en mi florero __________ en el tuyo. (=)
5 El Cristo de Dalí es __________ moderno __________ el de El Greco. (+)
6 La tortilla española es __________ fácil de hacer __________ la paella. (+)
7 No tengo __________ sueño __________ vosotros dos. (=)
8 El jefe me hace __________ caso a mí __________ a él. (-)
9 Los chicos españoles no comen __________ hamburguesas __________ los americanos. (=)
10 Cuesta __________ ir a Grecia __________ a Turquía. (=)
11 La abuela es __________ joven __________ el abuelo. (+)
12 Almudena camina despacio __________ una tortuga. (=)

5 **Forma frases siguiendo el ejemplo.**

1 El Empire State Building es alto / la Torre Picasso. (+)
El Empire State Building es más alto que la Torre Picasso.
2 Raquel estudia / Víctor (+)
__________________________.
3 Este helado es bueno / ese (-)
__________________________.
4 Vosotros vais a menudo al cine / yo (=)
__________________________.
5 Miguel es simpático / Antonio (-)
__________________________.
6 Este sillón es cómodo / de mi casa (+)
__________________________.
7 Pedro es delgado / Ramón (=)
__________________________.
8 Este toro es manso / el anterior (+)
__________________________.
9 Jesús trabaja / mi hermano (-)
__________________________.
10 Febrero no tiene días / los demás meses (=)
__________________________.
11 El piso de Fran es grande / el de Amaya (-)
__________________________.
12 Mi abuelo tiene años / el suyo (+)
__________________________.

6 **Escribe las dos frases posibles con *mayor, menor, mejor* y *peor*.**

1 Edu tiene 23 años y su hermana Isabel 21.
Isabel es menor que Edu.
Edu es mayor que Isabel.

2 En el examen de español Federica tiene 5 errores y Jane 12.
_______________.
_______________.

3 La tela del vestido de Ana no es tan buena como la del vestido de Carmen.
_______________.
_______________.

4 Maika tiene 30 años y yo 28.
_______________.
_______________.

5 Para hacer la fiesta, nuestra casa tiene jardín, la vuestra no.
_______________.
_______________.

6 Este año la playa está muy sucia; el año pasado estaba bastante limpia.
_______________.
_______________.

7 Viajar en avión es más conveniente que viajar en tren.
_______________.
_______________.

8 Carlos no es tan desordenado como tú.
_______________.
_______________.

7 20 **Escucha estos diálogos y escribe las comparaciones.**

1 A María José le gusta _______________.
A Rafa _______________.

2 Toñi antes _______________.
Ahora _______________.

3 La casa nueva de Nuria _______________.

8 **Escribe 10 frases sobre tu pareja / tu compañero /a y tú usando comparativos de superioridad, inferioridad e igualdad.**

1 *Mi novio es mayor que yo.*
2
3
4
5
6
7
8
9
10

El superlativo: relativo y absoluto

Superlativo relativo

El superlativo relativo se forma con el artículo determinado + ***más / menos***...

- \+ ***que*** + verbo en indicativo
  Este es el libro más antiguo que tengo.
- \+ ***de***
  Esta televisión tiene la pantalla más plana de todas.

Superlativos irregulares:

bien / bueno → óptimo
mal / malo → pésimo
grande → máximo
pequeño → mínimo

¡Atención!

Bueno, malo, grande y *pequeño* se usan también en la forma regular.
Jacobo es el más pequeño de la casa.

Superlativo absoluto

El superlativo absoluto se puede formar con:

- ***muy*** + adjetivo
  Es una casa muy grande.
- adverbios en ***-mente***
  extraordinariamente, verdaderamente, realmente, sumamente, increíblemente, espantosamente...
  Esa ciudad es increíblemente bonita.
- prefijos ***super-***, ***re-***, ***requete-***, ***archi-***, ***extra-***
  José Luis es requetesimpático y superguapo.
- repetición del adjetivo
  No lo puedo comprar porque es caro, caro.

El superlativo absoluto también se forma con el sufijo ***-ísimo / a / os / as***.

grande → grandísimo
fácil → facilísimo
joven → jovencísimo
feliz → felicísimo
amable → amabilísimo
simpático → simpatiquísimo
largo → larguísimo
antiguo → antiquísimo

Superlativos irregulares:

cruel → crudelísimo
fiel → fidelísimo
caliente → calentísimo
fuerte → fortísimo
nuevo → novísimo
grueso → grosísimo
célebre → celebérrimo
misero → misérrimo
libre → libérrimo

1 Forma superlativos como en el ejemplo.

1 sociable (+)
el más sociable, sociabilísimo

2 agradable (-)
el menos agradable

3 tranquilas (+)
____

4 educados (+)
____

5 temprano (-)
____

6 cariñosa (-)
____

7 inteligente (+)
____

8 guapa (+)
____

2 **Transforma las frases usando superlativos absolutos y los prefijos *super-*, *re-*, *requete-*, *archi-*, *extra-*.**

1 Está amargo.
Está amarguísimo.
Está superamargo.

2 Está triste.
______.
______.

3 Sois divertidos.
______.
______.

4 Es grave.
______.
______.

5 Son rentables.
______.
______.

6 Están delgadas.
______.
______.

7 Estás contenta.
______.
______.

8 Eres viejo.
______.
______.

9 Está limpia.
______.
______.

10 Es simpática.
______.
______.

11 Estoy cansada.
______.
______.

12 Son célebres.
______.
______.

3 **Busca en la sopa de letras los superlativos de los siguientes adjetivos.**

bueno	malo	grande	pequeño	cruel	fiel	caliente
fuerte	nuevo	grueso	amable	largo	antiguo	rico

A	C	P	Ó	L	A	R	G	U	Í	S	I	M	O
M	R	C	P	O	M	I	S	Í	S	O	R	G	M
A	U	A	T	R	S	A	I	D	A	L	N	R	I
B	D	F	I	D	E	L	Í	S	I	M	O	I	S
I	E	A	M	H	M	O	P	N	D	A	V	Q	Í
L	L	I	O	G	A	G	E	S	F	E	Í	U	U
Í	Í	F	O	R	T	Í	S	I	M	O	S	Í	Q
S	S	M	E	M	Í	N	I	M	O	C	I	S	I
I	I	P	A	E	L	L	M	M	O	N	M	I	T
M	M	M	Á	X	I	M	O	T	A	S	O	M	N
O	O	C	A	L	E	N	T	Í	S	I	M	O	A

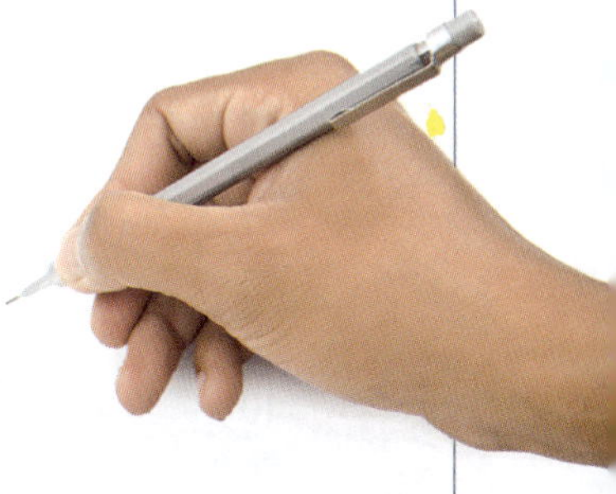

4 Relaciona los elementos de las dos columnas para formar frases.

1 Sevilla es...
2 Roberto es...
3 Mi niña es...
4 Ese jugador es...
5 Pachá es...
6 La clase de Ivan es...
7 En esa cafetería hacen...
8 El cajón flamenco es...
9 Últimamente tengo unos sueños...
10 En Fuerteventura hay...

a ☐ increíblemente lista.
b ☐ la ciudad más preciosa que conozco.
c ☐ el café más exquisito del mundo.
d ☐ playas muy bonitas.
e ☐ angustiosos, angustiosos.
f ☐ perezoso, perezoso.
g ☐ una discoteca celebérrima.
h ☐ el mejor del equipo.
i ☐ un instrumento musical requetefamoso en Andalucía.
j ☐ realmente estudiosa.

5 (21) Completa con los superlativos siguientes y escucha el CD para comprobar tus respuestas.

increíblemente sincero — más estudiado — vaga, vaga — la más empollona — la menos fácil — tranquilo, tranquilo — super divertidos — archiconocido — óptima — requetebuena — muy — numerosa — maravillosamente bien — riquísimo — dulcísimas

1 Nunca tiene ganas de hacer nada. Es __________.
2 Pepe tiene una familia __________.
3 Estas naranjas son __________.
4 Le gusta tanto estudiar que es __________ de la clase.
5 Cervantes es el escritor clásico español __________ de todos.
6 Me parece una idea __________.
7 La lección del comparativo es __________ de este curso.
8 Te puedes fiar de él: es __________.
9 Esos cómicos son __________.
10 Buscamos un hotel __________ para pasar un fin de semana.
11 Charo sabe hacer una tarta de chocolate __________.
12 Julio Iglesias es __________ en todo el mundo.
13 Toca la guitarra __________.
14 Este café está __________.

6 Escribe 10 frases usando superlativos relativos y absolutos.

1
2
3
4
5
6
7
8
9
10

Presente de indicativo: verbos irregulares absolutos

	CABER	OÍR	TENER	CAER
yo	quepo	oigo	tengo	caigo
tú	cabes	oyes	tienes	caes
él / ella / usted	cabe	oye	tiene	cae
nosotros / nosotras	cabemos	oímos	tenemos	caemos
vosotros / vosotras	cabéis	oís	tenéis	caéis
ellos / ellas / ustedes	caben	oyen	tienen	caen

	DECIR	TRAER	DAR	PONER
yo	digo	traigo	doy	pongo
tú	dices	traes	das	pones
él / ella / usted	dice	trae	da	pone
nosotros / nosotras	decimos	traemos	damos	ponemos
vosotros / vosotras	decís	traéis	dais	ponéis
ellos / ellas / ustedes	dicen	traen	dan	ponen

	VALER	IR	HACER	SABER
yo	valgo	voy	hago	sé
tú	vales	vas	haces	sabes
él / ella / usted	vale	va	hace	sabe
nosotros / nosotras	valemos	vamos	hacemos	sabemos
vosotros / vosotras	valéis	vais	hacéis	sabéis
ellos / ellas / ustedes	valen	van	hacen	saben

	VER	VENIR	PODER	SALIR
yo	veo	vengo	puedo	salgo
tú	ves	vienes	puedes	sales
él / ella / usted	ve	viene	puede	sale
nosotros / nosotras	vemos	venimos	podemos	salimos
vosotros / vosotras	veis	venís	podéis	salís
ellos / ellas / ustedes	ven	vienen	pueden	salen

1 **Une el pronombre sujeto con la forma del verbo correspondiente.**

1 ella
2 yo
3 vosotros
4 ustedes
5 nosotras
6 tú

a ☐ sé
b ☐ oyen
c ☐ traéis
d ☐ cabes
e ☐ ve
f ☐ decimos

2 **Escribe el presente de indicativo de estos verbos.**

	DESHACER	CONTENER	PREVALER	SOBRESALIR
yo				
tú				
él / ella / usted				
nosotros / nosotras				
vosotros / vosotras				
ellos / ellas / ustedes				

3 **Completa con las siguientes formas verbales.**

1 3ª pers. sing. del verbo *caer*
____

2 1ª pers. sing. del verbo *tener*
____

3 2ª pers. sing. del verbo *poder*
____

4 2ª pers. plur. del verbo *poner*
____

5 2ª pers. plur. del verbo *valer*
____

6 2ª pers. sing. del verbo *ir*
____

7 1ª pers. sing. sel verbo *dar*
____

8 1ª pers. sing. del verbo *hacer*
____

9 3ª pers. sing. del verbo *venir*
____

10 3ª pers. sing. del verbo *salir*
____

4 **Completa las frases con los verbos de la página anterior.**

1 En España los Reyes Magos __________ regalos a los niños.
2 Vosotros __________ muy bien vuestro trabajo de profesores.
3 Isabel __________ el mar y el paseo de la playa desde su ventana.
4 Mamá siempre nos __________ lo que tenemos que hacer.
5 Dani y yo __________ la mesa para comer en casa con nuestros amigos.
6 Ese empresario __________ comprarse un yate con el dinero de su jubilación.
7 Tu pasaporte no __________, está caducado.
8 Javier y su primo __________ en tren de Guadalajara.
9 No __________ (yo) dónde está mi camiseta azul.
10 Jorge no __________ dinero y no __________ irse de vacaciones a Nueva York con sus compañeros de curso.
11 __________ (yo) el ruido de la calle y no __________ dormir.
12 Sus padres __________ ver la Alcazaba y la Giralda de Sevilla.

5 **Busca el significado de estos verbos y utilízalos en las siguientes frases.**

contraer convenir (x2) proponer (x2) deshacer (x2) suponer prevenir (x2) distraer entretener predecir contradecir componer

1 El hombre del tiempo __________ un fin de semana soleado.
2 No son religiosos así que __________ matrimonio por lo civil.
3 Te __________ una cosa: __________ (yo) las maletas y después nos vamos a cenar fuera.
4 En ese restaurante __________ reservar con antelación.
5 __________ (yo) que con estas palabras quieres convencerme de que tu teoría es justa.
6 Estoy utilizando una pasta de dientes que __________ las caries.
7 Amparo y Óscar __________ un fin de semana en Huelva.
8 Juanjo, ¿por qué te __________ tanto?
9 No puedo estudiar si la tele está encendida. Me __________.
10 Soy cantautor y además __________ para otros cantantes famosos.
11 Todos me __________ contra él, pero yo creo que es una buena persona.
12 Nosotras __________ con ustedes en que lo mejor es no dar importancia al asunto.
13 Está locamente enamorado: cuando la ve se __________ en cumplidos y carantoñas.
14 Me __________ mucho los libros de aventura.

6 22 **Escucha el CD y escribe debajo de cada dibujo la frase que le corresponda.**

1 ______________________________.

2 ______________________________.

3 ______________________________.

4 ______________________________.

5 ______________________________.

6 ______________________________.

7 (23) **Completa estas descripciones personales conjugando los verbos en la persona correcta, puedes usar cada verbo más de una vez. Comprueba tus respuestas con el CD.**

caer decir hacer ir poner salir ser tener ver dar

(1) __________ Marisol. (2) __________ 22 años. (3) __________ dos hermanas que me (4) __________ fenomenalmente bien así que (5) __________ muy amigas. (6) __________ una persona abierta y sincera y me (7) __________ nerviosa la gente que (8) __________ una cosa y después (9) __________ otra. Actualmente (10) __________ a la Universidad: (11) __________ cuarto de medicina. Cuando (12) __________ tiempo libre leo revistas, (13) __________ la tele o (14) __________ con amigos.

Él (15) __________ Carlos, (16) __________ 32 y (17) __________ profesor de inglés. (18) __________ clases en varias escuelas de su ciudad. (19) __________ casado con Lola y (20) __________ una hija, Nala. Carlos (21) __________ un sueño: tener su propia academia de inglés. De momento, cuando no trabaja, (22) __________ deporte, (23) __________ al cine, o (24) __________ a pasear con su familia.

8 (24) **Escucha estos artículos de la "Declaración Universal de Derechos Humanos", resúmelos brevemente y añade otros 4 derechos que tú consideres fundamentales.**

ARTÍCULO 3

____
____
____.

ARTÍCULO 13

____
____
____.

ARTÍCULO 23

____
____
____.

ARTÍCULO 26

____
____
____.

1 ____
____.

2 ____
____.

3 ____
____.

4 ____
____.

Presente de indicativo: verbos con irregularidad fija

Irregularidades vocálicas:

- algunos verbos con vocal e / o cuando carga en ellas el acento tónico, cambian la vocal *e* en *ie* y la vocal *o* en *ue*, en la 1ª, 2ª y 3ª personas del singular y en la 3ª del plural

	PENSAR	VOLVER	SENTIR
yo	pienso	vuelvo	siento
tú	piensas	vuelves	sientes
él / ella / usted	piensa	vuelve	siente
nosotros / nosotras	pensamos	volvemos	sentimos
vosotros / vosotras	pensáis	volvéis	sentís
ellos / ellas / ustedes	piensan	vuelven	sienten

Siguen estos modelos: *cerrar, despertar, merendar, sentar, comenzar, empezar, costar, encontrar, probar, soñar, defender, encender, perder, envolver, morder, doler, advertir, arrepentirse, concernir, consentir, divertir, hervir, mentir, preferir, sugerir, dormir, morir...*

¡Atención!

El verbo *jugar* cambia la *u* en *ue* y *adquirir* cambia la *i* en *ie*.

	JUGAR	ADQUIRIR
yo	juego	adquiero
tú	juegas	adquieres
él / ella / usted	juega	adquiere
nosotros / nosotras	jugamos	adquirimos
vosotros / vosotras	jugáis	adquirís
ellos / ellas / ustedes	juegan	adquieren

- algunos verbos de la 3ª conjugación cambian la vocal *e* en *i* cuando sobre ésta carga el acento tónico. Sucede en la 1ª, 2ª y 3ª personas del singular y en la 3ª del plural

	PEDIR	CONSEGUIR
yo	pido	consigo
tú	pides	consigues
él / ella / usted	pide	consigue
nosotros / nosotras	pedimos	conseguimos
vosotros / vosotras	pedís	conseguís
ellos / ellas / ustedes	piden	consiguen

Siguen este modelo: *corregir, elegir, freír, medir, repetir, seguir, servir, vestir...*

Irregularidades consonánticas:

- los verbos que terminan en ***-acer***, ***-ecer***, ***-ocer***, ***-ucir*** y ***-ducir*** cambian la *c* en *zc* en la 1ª persona del singular

	CONOCER	CONDUCIR
yo	conozco	conduzco
tú	conoces	conduces
él / ella / usted	conoce	conduce
nosotros / nosotras	conocemos	conducimos
vosotros / vosotras	conocéis	conducís
ellos / ellas / ustedes	conocen	conducen

Siguen este modelo: *nacer, renacer, crecer, merecer, obedecer, ofrecer, pertenecer, lucir, relucir, deducir, introducir, producir, traducir...*

- los verbos que terminan en ***-uir*** cambian la *i* (átona) en *y* en la 1ª, 2ª y 3ª personas del singular y en la 3ª del plural

	HUIR	CONSTRUIR
yo	huyo	construyo
tú	huyes	constuyes
él / ella / usted	huye	construye
nosotros / nosotras	huimos	construimos
vosotros / vosotras	huís	construís
ellos / ellas / ustedes	huyen	construyen

Siguen este modelo: *constituir, contribuir, destruir, incluir, substituir...*

1 Escribe el presente de indicativo de estos verbos.

	EMPEZAR	OFRECER	SEGUIR	CONTRIBUIR
yo	______	______	______	______
tú	______	______	______	______
él / ella / usted	empieza	______	______	______
nosotros / nosotras	______	______	______	______
vosotros / vosotras	______	______	______	______
ellos / ellas / ustedes	______	ofrecen	______	______

2 Completa con las siguientes formas verbales.

1 3ª pers. sing. del verbo *cerrar*
______

2 1ª pers. sing. del verbo *nacer*
______

3 2ª pers. plur. del verbo *conseguir*
______

4 3ª pers. plur. del verbo *jugar*
______

5 2ª pers. sing. del verbo *adquirir*
______

6 1ª pers. sing. sel verbo *traducir*
______

7 1ª pers. sing. del verbo *divertir*
______

8 3ª pers. sing. del verbo *incluir*
______

3 **Busca en la sopa de letras los infinitivos de las siguientes formas verbales.**

vuelve visten deduzco pruebo crezco destruyen
muerdes pido huyes mide ~~piensan~~ duele

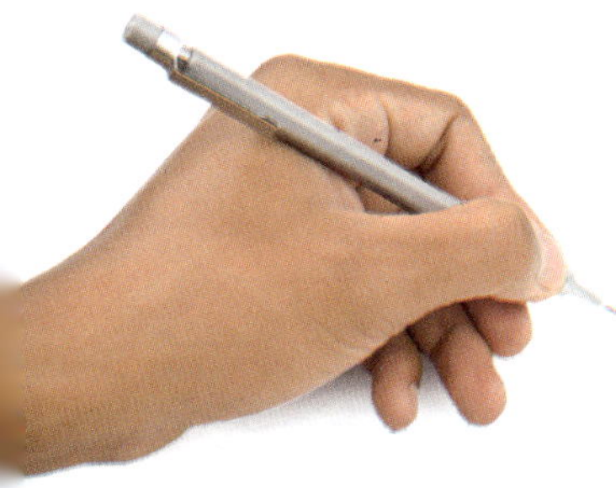

J	H	R	I	C	U	D	E	D
R	C	V	M	E	D	I	R	E
P	R	O	B	A	R	S	A	S
E	E	L	C	R	I	U	H	T
D	C	V	E	S	T	I	R	R
I	E	E	R	E	L	O	D	U
R	R	R	A	S	N	E	P	I
S	R	E	D	R	O	M	M	R

4 **Relaciona cada sujeto con su frase correspondiente.**

1 Este niño...
2 Ginés y Marcos...
3 Nosotros...
4 Tú...
5 El abogado...
6 Yo...
7 Ustedes...
8 Vosotras...
9 Sole...
10 El médico...

a ☐ merendamos a las seis.
b ☐ defiende a su cliente.
c ☐ juegan al fútbol.
d 1 duerme mucho.
e ☐ adquieren experiencia.
f ☐ enciendes la lámpara.
g ☐ os despertáis temprano.
h ☐ prueba el bizcocho.
j ☐ no conduce la ambulancia.
k ☐ pierdo todo.

5 **Completa con la forma correcta del verbo en presente.**

1 Mi hermano *mide* (medir) 185 cm.
2 ¿Para qué ________ (servir) esos zapatos?
3 Usted ________ (conseguir) todo lo que se propone.
4 La profesora ________ (corregir) los exámenes.
5 Nosotras ________ (vestirse) en seguida.
6 ¿Qué ________ (sugerir) usted?
7 Ana ________ (pedir) muchos favores.
8 Vosotras ________ (seguir) tan guapas como siempre.
9 Yo ________ (preferir) las películas románticas.
10 ¿Por qué ________ (mentir, vosotros)?
11 Él ________ (arrepentirse) de todo lo que hace.
12 Lo ________ (sentir, nosotros) muchísimo.
13 ¿Cuántas horas ________ (dormir) vosotros?
14 Se ________ (divertirse, ellos) como niños.

6 🎧 25 **Escucha el CD y escribe debajo de cada dibujo la frase que le corresponda.**

1 ____________________ ____________________.

2 ____________________ ____________________.

3 ____________________ ____________________.

4 ____________________ ____________________.

5 ____________________ ____________________.

6 ____________________ ____________________.

7 ____________________ ____________________.

8 ____________________ ____________________.

7 🎧 26 **Completa las frases con los verbos del recuadro y comprueba tus respuestas con el CD.**

entender	colgar	holer	jugar	nevar	despertar
peferir	cerrar	contar	soñar	elegir	deducir	dormir

1 A mi padre y a mi nos encanta cuando __________ en nuestra ciudad.
2 No __________ el porqué de esa decisión.
3 Todos los domingos Andres __________ un partido de fútbol con sus colegas.
4 __________ muchos perfumes porque no sé cuál comprarme.
5 Antes de acostarse, Juan __________ leer un libro de fantasía paranormal que ver la tele.
6 Mi hijo __________ con recibir una consola de videojuegos como regalo de cumpleaños.
7 Tu vecino siempre __________ la historia de su pueblo y de su familia.
8 Paqui __________ adornos navideños para la mesa, las ventanas y los pasillos de su casa.
9 Antes de salir de casa, __________ (yo) todas las puertas y ventanas.
10 Alejandro le __________ el telefono a su novia cuando se enfada.
11 De tus acciones __________ (yo) que eres muy sensible.
12 Cuando mi hermano va al pueblo __________ en casa de la abuela y se __________ tan pronto como ella.

Pronombres personales: complemento directo e indirecto

PRONOMBRES SUJETO	PRONOMBRES COMPLEMENTO DIRECTO	PRONOMBRES COMPLEMENTO INDIRECTO	FORMAS TÓNICA
yo	me	me	mí
tú	te	te	ti
él / ella / usted	lo (le) / la	le (se)	él / ella / ello / usted / sí
nosotros / nosotras	nos	nos	nosotros / nosotras
vosotros / vosotras	os	os	vosotros / vosotras
ellos / ellas / ustedes	los (les) / las	les (se)	ellos / ellas / ustedes / sí

El pronombre complemento directo responde a la pregunta *¿qué?* (o *¿a quién?*)
Escribe una carta y la echa en correos. *Cuando me ve, me saluda.*

¡Atención!

Las formas *le* / *les* se admiten en lugar de *lo* / *los* solo cuando se trata de persona masculina.
Llama a sus amigos y los (les) invita.

El complemento indirecto responde a la pregunta *¿a quién?*
Nos gusta tu nuevo peinado. *Le debe mucho a su trabajo.*

Las formas tónicas del pronombre se utilizan siempre con una preposición.
En ti está hacerlo o no hacerlo. *El éxito de la fiesta depende sobre todo de vosotras.*

¡Atención!

entre, *según*, *hasta*, *excepto*, *salvo*, *incluso*, *como*, *menos que* y *más que* + *yo*, *tú*... (formas del pronombre personal sujeto)
Entre tú y yo no hay nada serio.

con + *mí*, *ti*, *sí* = ***conmigo***, ***contigo***, ***consigo*** (*mismo*)
¿Vienes conmigo al cine? *¡Contigo voy al fin del mundo!*

La forma sin preposición del complemento indirecto es indispensable, sin embargo es muy corriente repetir el complemento para dar más énfasis o para evitar ambigüedades.
¿Le interesa un móvil barato? → *¿Le interesa a usted un móvil barato?*

Cuando en una frase tenemos un pronombre complemento directo y uno indirecto, el orden es: c. indirecto + c. directo.
¿Te lo cuento ahora? *¿ La tarta quién os la regala?*

Posición de los pronombres respecto al verbo:

- pronombres + verbo conjugado
  ¿Me los compras aquí?
- pronombres + imperativo* negativo
  No me los compres aquí.
- imperativo afirmativo + pronombres
  Cómpramelos aquí.

*ver Gramática Práctica A2

- infinitivo + pronombres
  ¿Quieres comprármelos aquí?
- gerundio + pronombres
  Ahorras comprandomelos aquí.

¡Atención!

Cuando el infinitivo o el gerundio dependen de otro verbo, los pronombres pueden ir delante o detrás.
Me los estás comprando. / Estás comprándomelos.

¡Atención!

le / les + lo → se lo
+ la → se la
+ los → se los
+ las → se las
Leo un cuento a los niños. → Se lo leo.

1 Relaciona los nombres con el pronombre complemento directo correspondiente.

1 los libros __________
2 el termómetro __________
3 la nevera __________
4 el cepillo __________
5 los niños __________
6 las cajas __________
7 el reloj __________
8 la puerta __________
9 las flores __________
10 las madres __________

2 Completa con el pronombre complemento directo.

1 ___*Me*___ (a mí) llama por teléfono todos los días.
2 Yo __________ (a ti) conozco bien.
3 Cuando __________ (a mí) ve, __________ (a mí) sigue.
4 __________ (a vosotros) buscan en la oficina.
5 El director __________ (a ustedes) recibe en seguida.
6 Yo no __________ (a ti) escucho.
7 __________ (a ella) despiden por incompetente.
8 __________ (a vosotros) cogen siempre con las manos en la masa.
9 ¿__________ (a mí) tomas por tonto?
10 Tu novio __________ (a ti) deja por otra.
11 __________ (a nosotros) sorprende su actitud.
12 Cuando se acerca, __________ (a él) ignoran.
13 Nuestros amigos __________ (a nosotros) esperan abajo.
14 __________ (a Carlos y Manel) llevan de vacaciones a Roma.

3 Completa las respuestas con el pronombre complemento directo.

1 A ¿Estáis usando el diccionario?
B Sí, __________ estamos usando.
2 A ¿Limpiáis los ceniceros?
B Sí, ahora __________ limpiamos.
3 A ¿Cuándo compramos el ordenador?
B __________ compramos mañana.
4 A ¿Doblas las mantas?
B Sí, ahora __________ doblo.
5 A ¿Quién borra la pizarra?
B __________ borro yo.
6 A ¿Escucha usted las noticias?
B Sí, __________ escucho todos los días.
7 A ¿Necesitan ustedes un coche nuevo?
B Sí, __________ necesitamos.
8 A ¿Deja usted las llaves en la puerta?
B No, __________ dejo en el cajón.
9 A ¿Laváis los platos?
B Sí, __________ lavamos siempre después de comer.
10 A ¿Dónde guarda la cartera?
B __________ guarda en el bolsillo de su chaqueta.

4 Sustituye el nombre con un pronombre como en el ejemplo.

1 ¿Tienes ahí el cuaderno de química?
¿Lo tienes ahí?
2 Tiramos esos papeles a la papelera.
__________________________.
3 Recibimos una carta suya todas las semanas.
__________________________.
4 Pongo la calefacción porque hace frío en casa.
__________________________.
5 Ponen la tele a las siete.
__________________________.
6 ¿Por qué no coméis esas galletas?
__________________________.
7 Quieren comer helado todos los días.
__________________________.
8 Compras botellas de agua en el supermercado.
__________________________.
9 El domingo renueva el abono del teatro.
__________________________.
10 Ese hombre aparca aquellos coches.
__________________________.

5 Completa con el pronombre complemento indirecto.

1 ¿__________ (a nosotras) hacéis un favor?
2 Usted __________ (a él) entrega todos los documentos.
3 ¿__________ (a ti) llevo un bocadillo de jamón serrano?
4 ¿__________ (a ellos) cortas un trozo de tarta?
5 No __________ (a mí) importa tu opinión.
6 ¿Esa profesora __________ (a vosotras) enseña gramática?
7 __________ (a ustedes) deseo mucha suerte.
8 Celia __________ (a ella) coge siempre la ropa a su hermana.
9 __________ (a mí) están esperando en la plaza mayor.
10 __________ (a nosotros) gusta pasear en bici.

6 **Responde a las preguntas utilizando los pronombres complemento directo e indirecto.**

1 ¿Comes caracoles?

_______________.

2 ¿Bebes sangría?

_______________.

3 ¿Ves la televisión de noche?

_______________.

4 ¿Sueles leer el periódico?

_______________.

5 ¿Ves mucho a tus padres?

_______________.

6 ¿Te compra regalos tu pareja?

_______________.

7 ¿Cuelgas tus fotos en Facebook?

_______________.

8 ¿Te gusta ver películas con tus amigos?

_______________.

7 **Pon la forma correcta del pronombre.**

1 Lo hace por __________ (tú).
2 ¿Comes con __________ (yo)?
3 Está enfadado con __________ (él) mismo.
4 No podéis celebrar el cumpleaños sin __________ (yo).
5 No encuentro nada raro en __________ (esa cosa).
6 Para __________ (tú) es fácil decirlo.
7 ¿Va con __________ (tú) a hacer la compra?
8 Según __________ (nosotros) ella tiene razón.
9 No creen en __________ (ellos) mismos.
10 Solo confío en __________ (yo).

8 27 **Escucha el CD y completa.**

1 Según __________, mañana no se hace la excursión.
2 No sé por qué están todos contra __________.
3 Tú hablas con __________ y yo hablo con __________.
4 ¿Qué sabéis de __________?
5 Sin __________ la casa está muy vacía.
6 Seguro que por __________ no se mueven.
7 A __________ no __________ importa llegar antes.
8 Se arrodilla ante __________ para pedirle su mano.
9 No necesito nada para __________.
10 Entre __________ y __________ lo resolvéis en un periquete.
11 A __________ __________ duele la cabeza. Y, ¿a __________?
12 Nos acordamos mucho de __________.

Formas de obligación y necesidad

Obligación

Personal:

- ***tener que*** + infinitivo. *Yo no tengo que darte explicaciones.*
- ***deber*** + infinitivo: obligación moral. *Debes dormir más, estás muy cansado.*

Impersonal:

- ***hay que*** + infinitivo. *Hay que estudiar mucho para aprender bien un idioma.*

Necesidad

Personal:

- ***necesitar*** + sustantivo / infinitivo / frase subordinada.
  Necesito más tiempo para terminarlo.
- pronombre + ***ser necesario***. *Le es necesario un curso de perfeccionamiento.*
- pronombre + ***hacer falta***. *Me hace falta un corte de pelo.*

Impersonal:

- ***hace(n) falta*** + sustantivo / infinitivo / frase subordinada.
  Para ganar hace falta mucha suerte.
- ***ser necesario*** + sustantivo / infinitivo / frase subordinada.
  Es necesario alejar a todos de la zona.
- ***se necesita(n)*** + sustantivo / infinitivo / frase subordinada.
  Se necesita mucha paciencia con los niños.

1 Elige la forma de obligación o necesidad correcta.

1 Julio, ¿qué *tienes que* / *tiene que* hacer mañana?
2 Señora, ¿*necesitas* / *necesita* ayuda?
3 ¿Para que te *necesitas* / *hace falta* el diccionario?
4 *Se necesita* / *Se necesitan* secretaria con experiencia.
5 Para llegar a Barcelona *se necesita* / *hay que* pasar por Zaragoza.
6 Mis padres creen que *es necesario* / *debe estudiar* para ser alguien en la vida.
7 ¿Qué *hacen falta* / *tengo que* hacer para ir a EE.UU.?
8 El médico dice que (vosotros) *debéis* / *hay que* quedaros en la cama dos días más.
9 Yo *tengo que* / *es necesario* cortarme el pelo: lo tengo muy largo.
10 María no ve nada: *se necesita* / *tiene que* ponerse gafas.

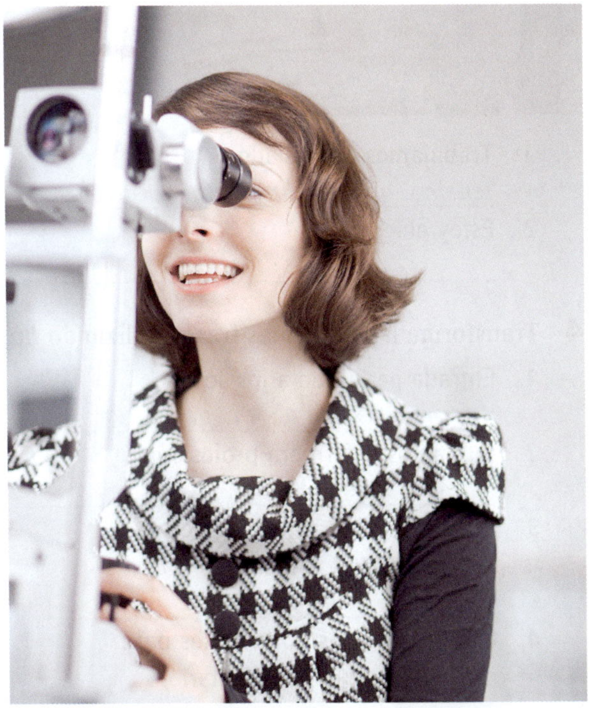

2 **Completa con la forma de obligación o necesidad correcta.**

1 No __________ preocuparte tanto. Sabes que él te quiere mucho.
2 ¿Tú sabes qué __________ para sacarse el carnet de conducir?
3 No __________ correr tanto porque el tren ya ha salido.
4 La película que quieres ver empieza a las 10:00; __________ darnos prisa.
5 No __________ sacar las cosas de quicio.
6 ¿Tú crees que __________ decírselo?
7 Si tienes sueño, __________ dormir más horas.
8 __________ estudiar magisterio para ser profesor.
9 __________ mucho dinero para viajar a Caracas.
10 Los hijos __________ ayudar a los padres.

3 28 **Forma frases como en el ejemplo con la ayuda del recuadro. Escucha el CD para comprobar tus respuestas.**

ponerse ropa de invierno	levantarse antes y estudiar más	comprar un billete de avión
jugar a la lotería	primero ir al mercado a comprar verduras	adelgazar / ser simpático
~~tomarse unas vacaciones~~	descansar en la cama y tomar medicinas	comprar otra nueva

1 Trabajamos demasiado.
Tenemos que tomarnos unas vacaciones.
2 Estoy enfermo.
__________.
3 Quiere aprobar el examen de inglés.
__________.
4 Desean hacer un viaje a España.
__________.
5 Quieres ser rico.
__________.
6 La lavadora está estropeada.
__________.
7 Tienen mucho frío.
__________.
8 Quiero preparar un buen gazpacho.
__________.
9 El pantalón me queda pequeño.
__________.
10 Le gusta conocer a muchas chicas.
__________.

4 **Transforma las siguientes frases utilizando *hay que* o *se necesita* como en el ejemplo.**

1 Entrada permitida a los socios.
Hay que ser socio para poder entrar.
2 Buscamos enfermera profesional.
__________.
3 Retirar el ticket antes de pedir la consumición al camarero.
__________.
4 Candidatos a las oposiciones para profesores: título universitario.
__________.
5 Pasaporte: dos fotografías.
__________.
6 Sirve el siguiente material.
__________.
7 Obligatorio el uso del casco para entrar en la obra.
__________.
8 Prohibida la visión a menores de 18 años.
__________.

5 Escucha el CD y completa el diálogo. (29)

Laura Perdona, ¿(1) ____________ para matricularme en este curso?
Begoña Sí, claro. (2) ____________ y traer tu certificado de estudios. (3) ____________ también. (4) ____________ todo en la secretaría. Después (5) ____________ y pedirle una cita con el jefe de la cátedra.
Laura ¿(6) ____________ mi currículum?
Begoña No (7) ____________. Pero si ya lo tienes, presentalo con los demás documentos.
Laura Vale. Gracias.
Begoña De nada. Y mucha suerte con el curso, (8) ____________ para aprobarlo.

6 Da consejos ante estas situaciones.

1 Tengo hambre.
____________.
2 Quiero tomar un cortado.
____________.
3 Necesito un ordenador.
____________.
4 Quiero cenar carne a la brasa.
____________.
5 Quiero un coche nuevo.
____________.
6 Les duele la garganta.
____________.
7 Quieren visitar Ronda.
____________.
8 Quieren tomar el sol sin quemarse.
____________.

7 Escribe 10 frases usando todas las formas de obligación y necesidad de página 71.

1 ____________
2 ____________
3 ____________
4 ____________
5 ____________
6 ____________
7 ____________
8 ____________
9 ____________
10 ____________

UNIDAD 21

Verbos *gustar* y similares

El verbo ***gustar*** tiene un construcción peculiar:

	FORMAS TÓNICAS	PRONOMBRES COMPLEMENTO INDIRECTO	3ª PERSONA SINGULAR O PLURAL
A	mí ti él / ella / usted nosotros / nosotras vosotros / vosotras ellos / ellas / ustedes	me te le nos os les	gusta gustan

En esta construcción no se usan los pronombres personales (*yo*, *tú*, *etc*.) sino los pronombres complemento indirecto, que son obligatorios.
A mí me gusta bastante el cine. *A Jessica le gusta nadar en la piscina.*

El uso de la preposición *a* + forma tónica, en cambio, no es obligatorio, pero sirve para dar énfasis o para especificar, con *le* y *les*, a qué persona corresponden esos pronombres.
Nos gusta comer pescado. *A nosotros nos gusta hacer deporte; a vosotros no.*
Le gusta nadar en la piscina. (*¿a Jessica / a él / a usted?*)

Se usa la 3ª persona del singular del verbo *gustar* si este se refiere a un verbo al infinitivo o a un sustantivo singular, y la 3ª persona del plural si se refiere a un sustantivo plural o a más sustantivos.
A él le gusta el chino. *A ellas no les gusta el inglés.*
A Clara le gustan chino e inglés. *A Marcos y Roberto les gustan los idiomas extranjeros.*
A mis compañeros de curso les gusta aprender idiomas.

Otros verbos que funcionan de manera similar son: *doler*, *molestar*, *encantar*, *importar*, *fascinar*, *caer bien / mal*, *interesar*, *agradar*, *disgustar*, *apetecer*, *enojar*, *parecer*, *preocupar*...
A mi madre le duele la espalda. *A ellas les molesta ese color.* *Me encantan los perros.*
¿No te importan tus notas? *A Daniela le fascinan los estudios esotéricos.*
Me caen mal las personas pretenciosas. *No nos interesa mucho esta historia.*

¡Atención!

El verbo *encantar* se usa como el verbo *gustar* y también se usa para expresar gustos personales, pero no puede ser utilizado con adverbios.
Le encanta la música clásica. *Le gusta mucho la música clásica.*

El verbo *gustar* y sus similares se pueden usar también con costrucción regular.
Vosotros no me gustáis. *Me preocupo mucho por mi familia.*
Te pareces mucho a tu padre en la forma de hablar.

1 Completa la tabla con la construcción del verbo *apetecer*.

A	mi ________ ________ nosotros / nosotras ________ ________	________ te ________ ________ ________ ________	________ ________ ________ ________ apetecen ________

2 **Elije la opción correcta.**

1 A Moisés no __________ viajar en avión.
a te gusta b os gusta c le gusta

2 A nuestro hijo no __________ las zanahorias.
a les gustan b le gustan c les gusta

3 A mí no __________ despertame temprano.
a me gusta b me gustan c nos gusta

4 ¿A ustedes __________ las películas de comedia o de ficción?
a les gustan b le gustan c les gusta

5 ¿A quién __________ las canciones de Camarón?
a les gustan b le gustan c les gusta

6 A nosotros __________ jugar al fútbol en la arena de la playa.
a os gusta b nos gusta c nos gustan

7 ¿A vosotros __________ la carne poco hecha o bien hecha?
a les gusta b os gustan c os gusta

8 Carlos, tú __________ a mi amiga Paula.
a le gustas b te gusta c les gusta

9 __________ porque siempre decís las cosas a la cara.
a Os gustan b Me gustáis c Le gustan

10 Claro que __________ los perros, tengo dos en casa.
a me gustan b me gusta c te gustan

11 A los niños __________ mucho visitar a los abuelos.
a les gusta b les gustan c le gusta

12 ¿A ti __________ cantar o bailar?
a le gusta b te gusta c te gustan

3 **Mira los dibujos y completa las frases con el verbo *doler* como en el ejemplo.**

1 *A mí me duele el estomago.*

2 A vosotros __________.

3 A ti __________.

4 A ellas __________.

5 A Nieves __________.

6 A nosotros __________.

4 (30) **Completa con los verbos del recuadro y controla tus respuestas con el CD.**

preocupar	repugnar	gustar	quedar	apetecer	fascinar	
encantar	molestar	cansar	irritar (x2)	faltar	convenir	doler

1 A nosotros __________ sus chistes. No tienen ninguna gracia.
2 Al médico __________ mi colésterol. Tengo que cuidarme más.
3 ¿A usted __________ unos cheques?
4 A ella __________ las colas largas.
5 A mí __________ un helado de chocolate bien cremoso.
6 A ellas __________ el polén. Tienen alergia.
7 No __________ ayudarme ahora.
8 No puedo ir al gimnasio todos los dias. __________ energía.
9 ¿A ustedes __________ el ejercicio?
10 A Felipe __________ mucho el dedo gordo.
11 A Claudia __________ comer y beber bien.
12 A tu novia __________ los concursos. Quiere ganar uno.
13 A nosotros __________ bastante tus excusas.
14 A vosotros __________ pasear tranquilamente por el parque los domingos.

5 (31) **Escucha el CD y completa la tabla con los verbos correctos.**

	Raúl	Sara y Patri	Marta	tú
esquiar	__________	__________	__________	__________
la nieve	*le gusta mucho*	__________	__________	__________
ir de viaje	__________	__________	__________	__________
las playas	__________	__________	*le fascinan*	__________
tomar el sol	__________	__________	__________	__________

7 Ahora completa el texto con los datos de la tabla y añade un parrafo sobre tus gustos.

A Raúl **(1)** __________ la nieve y **(2)** __________ esquiar. Ir de viaje **(3)** __________ y **(4)** __________ tomar el sol, pero **(5)** __________ las playas.
A Sara y Patri **(6)** __________ esquiar, la nieve **(7)** __________. En cambio **(8)** __________ ir de viaje, **(9)** __________ las playas y siempre **(10)** __________ tomar el sol.Marta es un poco rara, **(11)** __________ esquiar pero **(12)** __________ la nieve. **(13)** __________ ir de viaje pero **(14)** __________ las playas inexploradas. Tomar el sol **(15)** __________ porque tiene muchos lunares.

¿Y a ti?

____

____

____

Las estaciones y los meses del año. ¿Qué tiempo hace?

La ***primavera***: ***marzo***, ***abril***, ***mayo***
hace buen tiempo, hace bueno, hace viento, hace sol, hay chubascos, hay tormentas, llueve bastante

El ***otoño***: ***septiembre***, ***octubre***, ***noviembre***
hace mal tiempo, hace malo, hay niebla, diluvia

El ***verano***: ***junio***, ***julio***, ***agosto***
hace bochorno, hace mucho calor

El ***invierno***: ***diciembre***, ***enero***, ***febrero***
hace mucho frío, graniza, nieva

El parte meteorológico

soleado

nubes y claros

variable

nuboso

tormenta

lluvia

nieve

niebla

viento

mar gruesa

1 Completa las frases con las expresiones del recuadro.

hace viento	graniza	hace frío	hace sol	hace calor
diluvia	hay tormenta	hay niebla	llueve	nieva

1 Si __________ toda la noche, mañana podemos hacer un muñeco de nieve.
2 Es inútil ir a la peluquería: __________ y te despeinas en seguida.
3 No podemos abrir las ventanas porque __________.
4 Si __________ este fin de semana nos vamos a la playa.
5 No veo nada, __________.
6 Me quito la chaqueta y el jersey porque __________.
7 Hace días que __________ sin parar. ¡Estoy harta!
8 Esta noche es mejor desenchufar la tele, __________.
9 En verano algunas veces __________ y es peligroso salir a la calle.
10 Cuando __________ el paraguas no es suficiente.

2 Escribe la frase correcta debajo de cada foto.

Hace mucho frío.	Llueve a cántaros.	El cielo está nublado.
Hace bueno.	Nieva todos los días.	Hay mucha niebla.

1 __________.

2 __________.

3 __________.

4 __________.

5 __________.

6 __________.

3 (32) Escucha el CD y completa el texto sobre las condiciones meteorológicas que transmite el Instituto Nacional de Meteorología.

El Instituto Nacional de Meteorología prevé para el día de hoy (1) __________ en la mitad sur del país. En Salamanca y Zamora se alternan (2) __________ con (3) __________. En Cataluña y Valencia(4) __________ hasta esta noche, con posibilidad de (5) __________. (6) __________ en el litoralde Galicia y (7) __________ en el Estrecho. (8) __________ en el resto del norte de la península, de forma (9) __________ en el País Vasco con algunas (10) __________. (11) __________ en el Pirineo Catalán.

4 Ahora dibuja en el mapa los iconos del parte meteorológico.

5 Intenta completar los refranes sobre los meses y las estaciones del año.

1 Treinta días trae ________,con ________, ________y ________, los demás de treina y uno, menos ________ mocho que solo tiene veintiocho.

2 Abrígate, por ________, con dos capas y un sombrero.

3 En ________, aguas mil y todas caben en un barril.

4 Cuando llueve en ________, llueve miel y llueve mosto.

5 Guarda el sayo para ________, por si en vez de derecho viene el soslayo.

6 Quien trabaja en ________, trabaja con orgullo.

7 En ________ de hoja el campo se cubre.

8 A primeros de ________ tu fuego enciendes.

9 En ________, no te separes del brasero.

10 ________ es, del año, el mesmás anciano.

11 Cielo de ________, limpio como ninguno.

12 Por ________ llueve a rayos.

13 En ________ corre el agua por cualquier reguero.

14 Nieve en ________, vale un dinerazo.

15 El sol de ________ poco duradero.

16 Cuando el erizo se carga de madroños, entrando está el ________.

17 ________ fría, cosecha tardía.

18 Ni en ________ sin ropa, ni en ________ sin bota.

19 No hay ________ hasta San Juan, ni ________ hasta Navidad.

20 No hay ________ sin flores, ni ________ sin calores, ni ________ sin racimos, ni ________ sin nieves ni fríos.

6 33 Escucha el CD para comprobar tus respuestas y corregir las que no hayas acertado.

UNIDAD

23 *ir a / acabar de* + infinitivo

Ir a + infinitivo: expresa intenciones, decisiones o planes futuros. Expresa también un futuro que vemos evidente o muy probable.

A *¿Qué vas a hacer mañana?*
B *Mañana voy a salir de viaje.*

Los niños están muy cerca de la piscina, se van a caer.

¡Atención!

Se utiliza ***estar a punto de*** + infinitivo para expresar algo que va a suceder inmediatamente.
Estamos a punto de salir de fiesta con nuestros amigos.

Acabar de + infinitivo: expresa una acción terminada hace poco.

A *¿Quieres cenar conmigo?*
B *No, gracias, acabo de cenar.*

1 Forma frases con *ir a* + infinitivo como en el ejemplo.

1. Yo / estudiar / filología hispánica.
   Voy a estudiar filología hispánica.
2. Mañana / nosotros / no / trabajar.
   ______________________.
3. ¿Cuándo / tú / volver / a casa?
   ______________________.
4. ¿Vosotros / ir / al supermercado?
   ______________________.
5. Nosotros / cenar / en un restaurante.
   ______________________.
6. Esta noche / ella / no / salir.
   ______________________.
7. El lunes / yo / ir / al cine.
   ______________________.
8. María y Jónas / tener / un hijo.
   ______________________.
9. Él / quedarse / solo.
   ______________________.
10. Mis padres / comprarse / un coche nuevo.
   ______________________.

2 Forma frases con *acabar de* + infinitivo como en el ejemplo.

1. Carla / licenciarse / en magisterio.
   Carla acaba de licenciarse en magisterio.
2. Ellos / salir / del trabajo.
   ______________________.
3. ¿Tú / volver / a casa?
   ______________________.
4. ¿Vosotros / ir / al banco?
   ______________________.
5. Nosotros / desayunar / en una cafetería.
   ______________________.
6. Juan Carlos / comer / una hamburguesa.
   ______________________.
7. Yo / ir / al cine.
   ______________________.
8. Mis padres / mudarse / a un piso del centro.
   ______________________.
9. Ella / quedarse / embarazada.
   ______________________.
10. Los primos de él / tener / un hijo.
   ______________________.

3 Completa las frases con *ir a* o *acabar de.*

1 A ¿Os apetece un café?
B No, gracias, __________ tomarnos uno.

2 A ¿Quieres un bocadillo de jamón?
B Sí, por favor. __________ salir del gimnasio y tengo mucha hambre.

3 A ¿Quedamos en la parada del metro?
B No, mejor en la Calle de la Paz, __________ ir andando porque __________ bajar del bus.

4 A ¿Dónde está tu hermana?
B No lo sé, __________ llegar.

5 A ¿Está bien, señora?
B No mucho, __________ caer de la bici, __________ ir al hospital a que me curen las heridas.

6 A ¿Les gustan los monólogos?
B Les encantan, de hecho, mañana __________ ir al espectáculo de Goyo Jiménez.

4 Mira los dibujos y escribe lo que *está a punto de / acaba de* pasar.

1 El avión __________________ (despegar).

2 El avión __________________ (aterrizar).

3 Pablo y Andrés __________________ (jugar) un partido de fútbol.

4 Tú __________________ (tirarse) a la piscina.

5 Los Gutiérrez __________________ (comer) una buena paella.

6 ¡Mira qué nubes negras! __________________ (llover).

7 Miau __________________ (subir) al árbol.

8 Esta chica __________________ (llegar) a casa.

9 Yo __________________ (recibir) un mensaje.

5 **Completa el diálogo con las frases del recuadro y escucha el CD para comprobar tus respuestas.** (34)

mis padres van a instalar energía solar en casa — este año nos vamos a quedar en casa — Voy a ir al trabajo a pie todos los días — acaban de instalarla también — estamos a punto de apuntarnos a un curso de francés — en otoño me voy a ir de viaje a Puerto Rico con mi novio — vamos a aprender a bailar flamenco también — ya sé lo que voy a hacer — voy a ir a hacer la compra

Isabel Este verano pienso trabajar mucho y ahorrar dinero porque
(1) ____________________.

Pepe ¡Qué bien! Mi novia y yo en cambio
(2) ____________________.
Pero (3) ____________________
y (4) ____________________.

Isabel Interesante... yo también debería hacer algo de deporte.
Umm... (5) ¡ ____________________!
(6) ____________________.

Pepe Buena idea, así no usas tanto el coche y haces deporte.

Isabel Además hay que cuidar el medio ambiente.
¿Sabes que (7) ____________________?

Pepe Mis vecinos (8) ____________________
y están muy contentos.

Isabel Bien... te dejo que (9) ____________________.

Pepe Venga, nos vemos pronto.

Isabel Vale, adiós.

6 **Mira las agendas y escribe lo que vais a hacer estas personas y tú.**

JUAN

LUNES
15:00 – Reunión / jefe departamento

MARTES
9:00 – Clase de historia
11:00 – Clase de griego

VIERNES
18:00 – Fútbol / colegas departamento

DOMINGO
15:00 – Comida familiar

____

MARCOS
MARTES
10:00 – Viaje a Barcelona
MIÉRCOLES
14:00 – Comida / Sr. Gomez
17:00 – Reunión / Gonzales Company
JUEVES
12:45 – Vuelta a Madrid
SÁBADO
22:00 – Cumpleaños Carlos

TÚ
LUNES
MARTES
MIÉRCOLES
JUEVES
VIERNES
SÁBADO
DOMINGO

7 **Contesta a las preguntas.**

1 ¿Qué vais a hacer tu pareja y tú este verano?

_______________.

2 ¿Vas a tomar algo esta noche?

_______________.

3 ¿Qué van a hacer tus padres en vacaciones?

_______________.

4 ¿Vas a ir al cine la semana que viene?

_______________.

8 **Haz una lista y escribe un párrafo sobre tus planes o propósitos (realistas o no) para los próximos años.**

Tablas de verbos irregulares

Indicativo presente

ADQUIRIR	CABER	CAER	CONOCER	CONDUCIR
adquiero	quepo	caigo	conozco	conduzco
adquieres	cabes	caes	conoces	conduces
adquiere	cabe	cae	conoce	conduce
adquirimos	cabemos	caemos	conocemos	conducimos
adquirís	cabéis	caéis	conocéis	conducís
adquieren	caben	caen	conocen	conducen

CONSEGUIR	CONSTRUIR	COSTAR	DAR	DECIR
consigo	construyo	cuesto	doy	digo
consigues	construyes	cuestas	das	dices
consigue	construye	cuesta	da	dice
conseguimos	construimos	costamos	damos	decimos
conseguís	construís	costáis	dais	decís
consiguen	construyen	cuestan	dan	dicen

DORMIR	ENTENDER	ENVIAR	ESTAR	HACER
duermo	entiendo	envío	estoy	hago
duermes	entiendes	envías	estás	haces
duerme	entiende	envía	está	hace
dormimos	entendemos	enviamos	estamos	hacemos
dormís	entendéis	enviáis	estáis	hacéis
duermen	entienden	envían	están	hacen

HUIR	IR	JUGAR	LEER	OÍR
huyo	voy	juego	leo	oigo
huyes	vas	juegas	lees	oyes
huye	va	juega	lee	oye
huimos	vamos	jugamos	leemos	oímos
huís	vais	jugáis	leéis	oís
huyen	van	juegan	leen	oyen

PEDIR	PENSAR	PODER	PONER	PROHIBIR
pido	pienso	puedo	pongo	prohíbo
pides	piensas	puedes	pones	prohíbes
pide	piensa	puede	pone	prohíbe
pedimos	pensamos	podemos	ponemos	prohibimos
pedís	pensáis	podéis	ponéis	prohibís
piden	piensan	pueden	ponen	prohíben

QUERER	SABER	SALIR	SENTIR	SER
quiero quieres quiere queremos queréis quieren	sé sabes sabe sabemos sabéis saben	salgo sales sale salimos salís salen	siento sientes siente sentimos sentís sienten	soy eres es somos sois son
TENER	**TRADUCIR**	**TRAER**	**VALER**	**VENIR**
tengo tienes tiene tenemos tenéis tienen	traduzco traduces traduce traducimos traducís traducen	traigo traes trae traemos traéis traen	valgo vales vale valemos valéis valen	vengo vienes viene venimos venís vienen
VER	**VOLVER**			
veo ves ve vemos veis ven	vuelvo vuelves vuelve volvemos volvéis vuelven			

Gerundio

CAER	CONSTRUIR	DECIR	DORMIR	FREÍR
cayendo	construyendo	diciendo	durmiendo	friendo
HUIR	**IR**	**LEER**	**MEDIR**	**MORIR**
huyendo	yendo	leyendo	midiendo	muriendo
OÍR	**PEDIR**	**PODER**	**REÍR**	**SENTIR**
oyendo	pidiendo	pudiendo	riendo	sintiendo
SER	**TRAER**	**VENIR**		
siendo	trayendo	viniendo		

Para revisar

Los pronombres personales sujeto. Presente de indicativo: verbo *ser*. La forma de cortesía

1 **Completa con el verbo *ser*.**

1 Ellas __________ mis sobrinas.
2 Me voy, ya __________ las tres.
3 Tú __________ demasiado sensible.
4 Yo no __________ de San Sebastián, __________ de Bilbao.
5 ¿Usted __________ el padre de Camila?
6 Ustedes __________ los bienvenidos aquí.
7 Nosotros __________ primos y vosotros __________ hermanos.
8 Estas sillas __________ de madera.

Sustantivos y adjetivos. Formación del femenino

2 **Escribe el femenino.**

1 el alcalde __________
2 el rey __________
3 el periodista __________
4 el padre __________
5 el caballero __________
6 delgado __________
7 caliente __________
8 inteligente __________

Los artículos. Formación del plural

3 **Elije la opción correcta.**

1 *Lo* / *El* malo es que no entiendo nada de esto.
2 Este coche es *de el* / *del* hermano de Miguel.
3 A *las* / *la* chicas no les gusta el fútbol.
4 *El* / *Lo* sueño de ella es comprarse un piso en el centro.
5 El señor Ferrer es *un* / *uno* experto de arte.
6 Hay *un* / *unos* CDs sobre la mesa del comedor.
7 Voy *al* / *a el* médico porque no me encuentro bien.
8 Aquí están *los* / *unos* papeles.

4 **Escribe el plural.**

1 un televisor apagado
____
2 la llave grande
____
3 una tribú indígena
____
4 un héroe valiente
____
5 el poeta pesimista
____
6 el intérprete capaz
____

Presente de indicativo: verbo *estar*. El gerundio. *Estar* + gerundio

5 **Completa con la forma correcta de *estar*, gerundio y *estar* + gerundio.**

1 En el hospital hay tres enfermeras que __________ (hablar) y __________ (reirse).
2 En el paseo de la playa hay gente __________ (correr) y gente que __________ (comprar) en el mercadillo.
3 Si __________ (ellos) contentos con su seguro de coche, ¿por qué se __________ (informar) para cambiar de compañía?
4 ¿Carlos, me __________ (escuchar)?
5 ¿Dónde __________ mis pantalones negros?
6 ¡No chilles, los abuelos __________ (dormir)!
7 A ¿Qué __________ (hacer, tú)?
B __________ (buscar) un número de telefono.
8 En esta oficina siempre hay gente __________ (ir) y __________ (venir).

Presente de indicativo: verbos regulares

6 **Completa con los verbos del recuadro.**

beber	comprar	esperar	tocar	viajar	comer	bailar	abrir

1 Nosotros __________ tango todos los sabados.
2 ¿__________ (vosotros) algún instrumento musical?
3 Este verano no __________ (yo) a Formentera.
4 ¿Dónde __________ (tú) la ropa?
5 Mis amigos __________ cerveza con limón.
6 Pepi no __________ carne, es vegetariana.
7 Ángel __________ un email de Fran.
8 No __________ (yo) la ventana porque hace mucho frío.

Los pronombres reflexivos. Verbos reflexivos

7 **Escribe frases con algunos de los verbos reflexivos del recuadro.**

comprarse	vestirse	parecerse	quejarse
ducharse	conocerse	acordarse	llamarse

1
2
3
4
5
6

Demostrativos: adjetivos y pronombres

8 **Completa con el demostrativo correcto.**

1 ¿Me pasas __________ bolígrafo que tienes ahí?
2 __________ tarde podemos salir de la oficina una hora antes.
3 Mira __________ aviso, allí dicen lo que tenemos que hacer.
4 __________ faldas de ahí son muy cortas.
5 El sendero termina aquí, __________ cartel lo indica.
6 __________ ordenadores de allí están apagados.
7 No me gusta __________ pescadería, allí no venden pescado fresco.
8 No sé qué es __________ de ahí.

La negación. La interrogación. Los interrogativos

9 **Escribe 8 preguntas para pedir la información básica a una persona.**

1 *¿Cómo te llamas?*
2
3
4
5
6
7
8

Para revisar

Los números

10 **Escribe los números con letras.**

1 23 __________
2 47 __________
3 182 __________
4 1000000 __________
5 6/8 __________
6 23/100 __________
7 7º __________
8 x2 __________

La hora. Saludos y despedidas

11 **Busca las palabras del recuadro en la sopa de letras.**

hasta luego   adiós   madrugada   buenos
días   hola   mediodía   mañana   tarde   hora

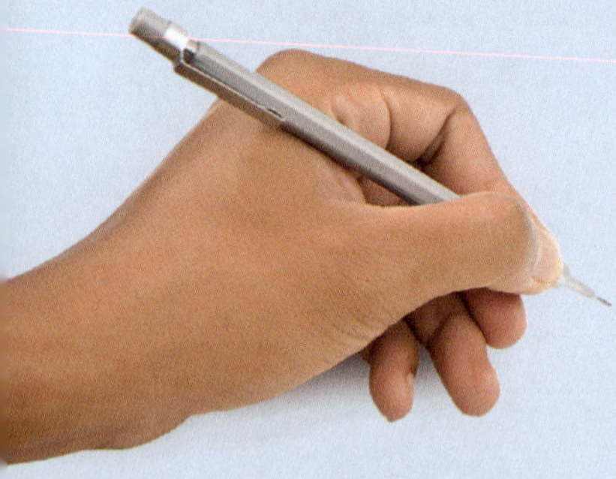

E	H	A	Í	D	O	I	D	E	M
A	S	M	A	N	A	Ñ	A	M	N
S	A	Í	D	S	O	N	E	U	B
M	A	D	R	U	G	A	D	A	S
B	A	R	O	H	R	B	N	H	E
N	T	A	S	O	S	Ó	I	D	A
A	S	H	D	L	E	D	R	A	T
H	A	S	T	A	L	U	E	G	O

Posesivos: adjetivos y pronombres

12 **Completa con el posesivo correcto.**

1 ¿Dónde trabaja __________ (de vosotros) madre?
2 __________ (de mí) ordenador está bloqueado.
3 Ellos discuten mucho con __________ (de ellos) vecinos.
4 ¿Estos son __________ (de ti) cuadernos?
5 Tengo una foto __________ (de él).
6 Dos alumnos __________ (de mí) no están.
7 Ella siempre viene con __________ (de ella) perros.
8 La casa amarilla es __________ (de nosotros).

hay / está(n)

13 **Completa con *hay* o *está(n)*.**

1 Mamá, __________ Samuel.
2 __________ un señor en la parada del metro.
3 En esta casa no __________ jardín.
4 Solo __________ tres botellas de agua.
5 __________ ese chico que te gusta.
6 ¿__________ bancos en esta zona de la ciudad?
7 ¿__________ aquí mis libros de gramática?
8 __________ los tíos de Guadalajara.

Situar en el espacio.

14 **Ordena las palabras para formar frases.**

1 a / metros / estamos / 10 / mar /debajo / nivel / del / del

______________________.

2 la / está / parque / estación / del / enfrente

______________________.

3 el / está / banco / calle / al / de / la / final

______________________.

4 piscina / restaurante / el / está / al / de / lado / la / municipal

______________________.

5 colegio / está / farmacia / el / detrás / la / de

______________________.

6 a / el / peluquería / está / la / supermercado / izquierda / la / de

______________________.

7 está / el / la / quiosco / plaza / en

______________________.

8 sus / Marina / compañeros / entre / dos / está

______________________.

muy / mucho, expresión de la cantidad.

15 **Subraya la opción correcta.**

1 No tenemos *bastante / poca* harina para hacer pan.
2 *Muy / Muchos* jovenes viven con la familia porque no encuentran trabajo.
3 Hay *bastantes / demasiados* libros en esta estantería. Está cayéndose.
4 En ese libro hay *muchos / nada* errores.
5 Jorge es *mucho / muy* simpático.
6 No me gusta *nada / poco* estudiar los domingos.
7 A *todos / todo* el mundo le gusta el chocolate.
8 En nuestro instituto hay *pocos / bastante* estudiantes extranjeros.

El comparativo: superioridad, inferioridad, igualdad

16 **Escribe comparaciones de superioridad, inferioridad o igualdad según tus gustos.**

1 esquiar / divertido / nadar

______________________.

2 internet / rápido / libros / incontrar información

______________________.

3 el español / fácil / el alemán

______________________.

4 el mango / bueno / la papaya

______________________.

5 tu mejor amigo / inteligente / tú

______________________.

6 pasear por la montaña / relajante / estar en la playa

______________________.

El superlativo: relativo y absoluto

17 **Completa con el superlativo correcto.**

1 El Desierto de Atacama es ______________________ (lugar / seco) la tierra.
2 Mi abuelo es ______________________ (persona / importante) para mi.
3 Hoy estás ______________________ (guapa).
4 De los hermanos, él es ______________________, los demás son muy jóvenes.
5 Este ejercicio es ______________________ (difícil).
6 Sois ______________________ (chicas / sensibles) conozco.

Para revisar

18 **Escribe el superlativo absoluto como en el ejemplo.**

1 fuerte _*fortísimo*_
2 facil ______
3 amable ______
4 antiguo ______
5 célebre ______
6 libre ______
7 caro ______
8 pesado ______

Presente de indicativo: verbos irregulares absolutos

19 **Completa con los verbos del recuadro.**

tener (x2)	venir (x2)	decir (x2)	oír (x3)	estar (x2)	ir (x3)

1 A ¿______ (tú) dos euros?
B Lo siento, no ______ suelto.
2 A ¿Dónde ______?
B ______ en el Museo del Prado.
3 A ¿Por qué no ______ (ella) con nosotros?
B Si la invitas, seguro que ______.
4 A ¿Me ______ (tú)?
B Te ______ perfectamente.
5 A ¿Cuándo ______ (vosotros) al teatro?
B ______ mañana, ¿te ______?
6 A ¿¿Pero qué ______ (tú)??
B ______ lo que ______.

Presente de indicativo: verbos con irregularidad fija

20 **Forma frases con estos elementos conjugando los verbos evidenciados.**

1 encender / las noticias / yo / la tele / para ver
Yo enciendo la tele para ver las noticias.
2 a Julito / contar / mi tía / un cuento
______.
3 doler / la espalda / me / a mí
______.
4 comprar / nosotros / un coche nuevo / querer
______.
5 una canción / sonar / en la radio / de El Barrio
______.
6 costar / cuánto / este piso
¿______?
7 de la noche / acostarse / ellos / a las once
______.
8 muy rápido / volar / los aviones
______.
9 en la pared / Mónica / el cuadro / colgar
______.
10 Lidia / una pestaña / cuando / un deseo / pedir / encontrar
______.

Pronombres personales: complemento directo e indirecto

21 **Sustituye el complemento directo y el indirecto con pronombres como en el ejemplo.**

1 _*Me*_ _*lo*_ entrega. (un sobre, a mí)
2 ______ ______ calentamos. (el arroz, a vosotros)
3 ¿Cuándo ______ ______ traes? (las gafas, a mí)
4 La dependienta ______ ______ envuelve. (el paquete, a la cliente)
5 Ustedes ______ ______ ofrecen. (una oportunidad de trabajo, a los estudiantes)
6 ¿Quién ______ ______ dice? (eso, a él)
7 Por fin ______ ______ pagan. (la deuda, a vosotros)
8 Rafael y David ______ ______ devuelven. (los vídeos, a nosotros)
9 ______ ______ niega. (su ayuda, a mí)
10 Yo ______ ______ preparo. (las cenas, a él)

22 **Cambia las frases como en el ejemplo.**

1 Se lo está comiendo.
Está comiéndoselo.

2 No se lo puede contar.
__________.

3 En este momento los está visitando.
__________.

4 No me la piensa dejar.
__________.

5 No nos lo puede vender.
__________.

6 Te lo quiero terminar hoy.
__________.

7 Se las intenta hacer pagar.
__________.

8 Te la estoy cantando.
__________.

Formas de obligación y necesidad

23 **Completa con tener que o hay que en la forma correcta.**

1 Para estar en forma __________ hacer ejercicio físico.
2 Cuando el coche no funciona bien, __________ llevarlo al taller.
3 __________ comprar (vosotros) leche para hacer la tarta.
4 __________ estar (nosotros) en el aeropuerto a las 3 de la tarde.
5 __________ estudiar mucho para llegar a ser médico.
6 Si quiere ayuda, __________ pedirla.

Verbos *gustar* y similares

24 **Completa con los verbos entre parentesis.**

1 A los ciudadanos __________ (importar) los problemas de su país.
2 __________ (parecer, vosotros) mucho a vuestros padres.
3 A mis padres __________ (gustar) mucho el cine. ¡__________ (encantar)!
4 A tus amigos __________ (parecer) cómico tu padre. __________ (caer) bien.
5 A muchas personas __________ (doler) los músculos después de hacer ejercicio.
6 Al presidente __________ (interesar) tener buena imagen.

Las estaciones y los meses del año. ¿Qué tiempo hace?

25 **¿Conoces refranes sobre las estaciones, los meses del año y el tiempo metereológico en tu idioma? Intenta traducirlos al español, en tu libreta, con la ayuda del diccionario.**

ir a / *acabar de* + infinitivo

26 **Completa las frases con *ir a* o *acabar de*.**

1 A ¿Qué __________ hacer (vosotros) el sábado por la noche?
B __________ ir a tomarnos una copas con nuestros amigos.

2 A ¿Te __________ levantar?
B ¡Qué va! Me __________ ir ya a trabajar que es tarde.

3 A ¿Qué hacen esas mujeres?
B __________ lavar la ropa y ahora __________ planchar.

4 A ¿Cómo __________ conseguir (tú) los resultados?
B Los __________ públicar en Internet mañana.

5 A ¡Qué alegría verte! ¿Cómo estás?
B Pues, __________ volver de Nueva York.

6 A ¿__________ir (nosotros) a ver la película de Smith el domingo?
B Lo siento, no __________ poder ser, la __________ ver (nosotros).

Transcripciones

TR 2

Unidad 1 ejercicio 9

Miguel es alto, rubio y delgado, pero no es guapo. Es abogado y es inglés.
Laura es morena, un poco gorda y no muy alta. Es peluquera y es americana.
Natalia es alta, rubia y delgada. Es enfermera y es portuguesa.
Alberto es joven, moreno, alto y robusto. Es carpintero y es mejicano.
Enrique no es muy alto. Es rubio y delgado. Es profesor nativo de francés.
Ángela es joven y tiene el pelo rojizo. Tiene un tatuaje en el brazo y es una cantante sueca.

TR 3

Unidad 2 ejercicio 6

1 La madre de Clara es abogada.
2 Mi padrino de bautizo es joven.
3 Es un caballero muy elegante.
4 Ser emperatriz es como ser reina.
5 El toro es un animal ruminante.
6 Las yeguas son animales de cuatro patas.
7 La mujer es un ser inteligente.
8 Él es el solista del grupo.
9 Mi yerno es muy simpático.
10 Ese hombre es muy trabajador.
11 La gallina es un animal de granja.
12 Las actrices son personajes populares.

TR 4

Unidad 3 ejercicio 4

Se vende un piso de 100 metros cuadrados situado en la zona céntrica de la ciudad. Es exterior y dispone de un comedor-salón de 30 metros cuadrados, tres dormitorios y un baño. La cocina está equipada con todos los electrodomésticos. El precio es de 180.000 euros.
Los interesados pueden llamar al teléfono del anuncio por las mañanas.

TR 5

Unidad 3 ejercicio 7

1 Las flores blancas son de mis jardines.
2 Los campos verdes son bonitos.
3 Las casas grises son las más grandes de todas.
4 Veo unas camisetas azules y blancas.
5 Los colores de tus faldas son los más bonitos.
6 ¿Son ustedes españoles?
7 Ellas son unas estudiantes de York.
8 Estas profesoras son iraníes.
9 Son unos amigos alemanes.
10 Los libros son interesantes pero difíciles.

TR 6

Unidad 5 ejercicio 7

Lara ¿A qué te dedicas últimamente?
Charo Busco un trabajo.
Lara ¿Por qué no presentas un curriculum en mi empresa? Necesitan una secretaria con conocimientos de idiomas.
Charo Yo hablo inglés y francés. ¿Crees que basta?
Lara Sí, me imagino que sí.
Charo ¿Me ayudas a redactar el curriculum?
Lara Vale, pero mi ordenador no funciona.
Charo No importa, usamos el mío. Por cierto, después, ¿lo llevo de persona o lo mando por correo?
Lara Te presento yo al director del personal.
Charo ¡Gracias!
Lara ¡Venga! ¡Manos a la obra!

TR 7

Unidad 6 ejercicio 6

1 A ¿Qué hace Juan?
B Se levanta.
2 A ¿Qué está haciendo tu hermano?
B Se está duchando, mamá.
3 A ¿Qué estáis haciendo, chicos?
B Nos estamos vistiendo.
4 A ¿Qué haces, Rosa?
B Me peino.
5 A ¿Qué hacen esos niños?
B Se esconden.
6 A ¿Qué hace ella?
B Se acuesta.
7 A ¿Qué estás haciendo, Noe?
B Me estoy mirando al espejo.
8 A ¿Qué hace tu primo?
B Se lava los dientes.
9 A ¿Qué está haciendo la abuela?
B Se está relajando.

TR 8

Unidad 6 ejercicio 7

1 ¡Estoy cansada! Mis dos hijos pequeños se pelean todo el día.
2 El problema es que no os ayudáis los unos a los otros.
3 Oye, ¿cómo se llama la chica del abrigo negro?
4 ¿Cuánto tiempo hace que nos conocemos tú y yo?
5 Se besan en todas las esquinas. ¡Qué cariñosos!
6 En el fondo os queréis, pero muy en el fondo.
7 Es evidente que se odian.
8 Me ducho en un minuto y nos vamos.
9 ¡Qué patoso es David! Se da cada golpe...
10 La verdad es que te pones muy nerviosa cada vez que ves a Cesar.
11 Mi abuelo se afeita todos los días, antes de ducharse.
12 Todos los veranos nos bañamos en el mar.

TR 9

Unidad 7 ejercicio 6

Barranca se encuentra a 193 km de Lima ciudad, para llegar a ella hay que seguir la carretera Panamericana Norte. En Barranca puedes visitar la Fortaleza de Paramonga, restos arquitectónicos pre-incas, disfrutar de playas preciosas como Chorillos y comer platos como el Cebiche de pato y el Pepián de gallina.
En esta foto puedes admirar una calle de Barranca con sus casas típicas: esta casa aquí enfrente es naranja y marrón, esa casa ahí al lado que es morada y verde y aquella del fondo es azul.

Las fiestas de San Fermín o "sanfermines" son una celebración en honor a San Fermín que tiene lugar anualmente (en julio) en la ciudad española de Pamplona. Los festejos comienzan con el lanzamiento del "chupinazo" (cohete) desde el balcón del Ayuntamiento de Pamplona y terminan con el "Pobre de mí", una canción de despedida.
Una de las actividades más famosas de los sanfermines es el encierro, que consiste en un recorrido de 849 metros delante de los toros y que culmina en la plaza de toros.
Estas personas en los balcones están mirando a esa gente en la calle, no se ven toros pero aquellos al final de la calle seguro que los ven.

TR 10

Unidad 8 ejercicio 5

1 ¿Quién es Juan?
2 ¿Cuántos dulces come María?
3 ¿Cuándo termina la clase?
4 ¿Qué desea tomar usted?
5 ¿Dónde compras el periódico todos los días?
6 ¿Quién lava hoy los platos?
7 ¿Cómo hablan inglés los niños?
8 ¿Por qué estás nervioso?
9 ¿Dónde está el cuarto de baño?
10 ¿Qué país tiene más habitantes?

TR 11

Unidad 8 ejercicio 9

1 ¿Cuánto cuestan los zapatos negros del escaparate?
2 ¿Cómo vienes a la universidad?
3 ¿Cuantos años tiene ese joven escritor?
4 ¿Desde cuándo sabes nadar?
5 ¿Qué pantalones te gustan?
6 ¿Por qué no viene a la cena?
7 ¿Para qué sirve ese nuevo programa informático?
8 ¿Dónde trabajas?
9 ¿Cuándo abre sus puertas el Festival de Cine de San Sebastián?
10 ¿Quién es el protagonista de esa película de piratas?

TR 12

Unidad 9 ejercicio 3

1 seis
2 once
3 diecisiete
4 treinta y uno
5 cien
6 ciento cuarenta y seis
7 quinientos
8 setecientos veinticinco
9 mil ciento uno
10 doscientos mil

TR 13

Unidad 9 ejercicio 5

1 tercero
2 un quinto
3 la sexta parte
4 la mitad
5 cuádruple
6 un tercio
7 décimo
8 la centésima parte
9 noveno
10 triple

TR 14

Unidad 9 ejercicio 6

1 En España reina el Rey Juan Carlos I.
2 Necesito 1/4 de kilo de jamón de York.
3 En 1992 se celebra el 5° centenario del descubrimiento de América.
4 Un libro se paga unos 21 euros.
5 Para comprar un coche necesitas, por lo menos, 9.000 ó 12.000 euros.
6 La superficie total de la península Ibérica es de 583.500 kilómetros cuadrados.
7 Adoramos la música de los 60.
8 Me falta más de la 1/4 de del libro.
9 En 1895 Marconi realiza la 1a comunicación por radio.
10 En España el día de la mala suerte es el martes y 13.
11 Mi número de teléfono es: 53.00.89.
12 Leo un libro del siglo XV para clase.

TR 15

Unidad 11 ejercicio 7

1 Su país es Italia.
2 Su país es Irlanda.
3 Nuestro país es Bélgica.
4 Tu país es Francia.
5 Su país es Venezuela.
6 Vuestro país es Grecia.
7 Nuestro país es Canadá.
8 Mi país es Suiza.
9 Su país es España.
10 ¿Su país es China?

TR 16

Unidad 12 ejercicio 4

En mi dormitorio hay dos camas y un armario. En una de las camas hay una colcha preciosa, de rayas, en la otra está la colcha preferida de mi hermano, de lunares. También tengo una mesilla de noche en la que están el despertador y la lámpara. En el suelo, junto a mi cama, hay una alfombra muy bonita de color rosa. Luego, en la pared hay dos estanterías con unos libros y un par de pósters. ¡Uno de ellos es de mi cantante preferido!

TR 17

Unidad 12 ejercicio 6

A ¡Perdone! ¿Sabe dónde hay una farmacia de guardia?
B De guardia no sé, pero sé que hay una al lado del Banco de Santander y creo que hay otra en la calle Portugal.
A ¿Donde está la peluquería?
B Donde están los soportales.
A ¡Ah! ¡Sí! Es verdad. ¡Muchas gracias!
B De nada, ¡adiós!

A Oye, por favor, ¿puedes decirme dónde está la plaza de toros? Estoy buscando el restaurante de un amigo que está allí cerca.
B Emm... pero la plaza de toros está lejos.
A ¿Y dónde está?
B Está cerca de la plaza del Ayuntamiento, donde están los mejores bares de la ciudad y también hay un restaurante que se llama "Balconcillo", ¿es ese?
A ¡Sí! Hay un banco al lado y hay una tienda de ropa en frente.
B ¡Vale! Pues el autobus número 12 para justo allí.
A ¡Muchas gracias!
B De nada, ¡adiós!

TR 18

Unidad 13 ejercicio 4

La Rioja está debajo del País Vasco y Navarra. Galicia está a la izquierda del Principado de Asturias. Sobre Andalucía, un poco a la izquierda, hay una región que se llama Extremadura. Entre Navarra y Cataluña está Aragón. A la derecha de la península están las Islas Baleares. La capital está en el centro y es Madrid. La Comunidad Valenciana está a la derecha de Castilla La Mancha y encima de Murcia.

TR 19

Unidad 14 ejercicio 5

1 Carlota no estudia bastante para aprobar los exámenes, tiene que empollar más.
2 Mi amiga habla poco, es muy tímida.
3 A ¿Qué pasa?
B No pasa nada.
4 En verano leo mucho, me encanta leer en la playa.
5 Comes demasiado, estás engordando.
6 Gana mucho dinero porque trabaja día y noche.
7 Pasa todo el día hablando por teléfono.
8 No veo nada desde aquí.
9 Tengo bastante dinero para comprarme un piso.
10 Hay demasiadas guerras en el mundo.
11 Preparas demasiada comida, siempre sobra la mitad.
12 Esta zona es un poco oscura ya que no hay bastantes faroles.
13 Mis niños ven poco la televisión, juegan todo el día en el jardín.
14 Te gustan demasiado los dulces, comes muy poca carne y nada de verduras.

TR 20

Unidad 15 ejercicio 7

Amparo Oye, María José, ¿tú dónde prefieres pasar las vacaciones?
María José Sinceramente a mí me gusta más estar en la playa tomando el sol que paseando por una montaña.
Amparo Y a Rafa ¿le gusta tanto tomar el sol como a ti?
María José No, él es menos playero que yo. Prefiere moverse y conocer sitios nuevos.

Roberto Toñi, ¿cómo va la experiencia de trabajo?
Toñi En realidad no muy bien. No dispongo de tanto tiempo libre como antes, así que veo menos a mis hijos. Además, ahora tengo más responsabilidades...

Adela ¿Qué tal la nueva casa, Nuria?
Nuria Pues muy bien. Se oyen muchos menos ruidos que en la otra. Es mucho más luminosa... El único problema es que tengo menos espacio que antes y no me cabe nada.

TR 21

Unidad 16 ejercicio 5

1 Nunca tiene ganas de hacer nada. Es vaga, vaga.
2 Pepe tiene una familia muy numerosa.
3 Estas naranjas son dulcísimas.
4 Le gusta tanto estudiar que es la más empollona de la clase.
5 Cervantes es el escritor clásico español más estudiado de todos.
6 Me parece una idea requetebuena.
7 La lección del comparativo es la menos fácil de este curso.
8 Te puedes fiar de él: es increíblemente sincero.
9 Esos cómicos son super divertidos.
10 Buscamos un hotel tranquilo, tranquilo para pasar un fin de semana.
11 Charo sabe hacer una tarta de chocolate óptima.
12 Julio Iglesias es archiconocido en todo el mundo.
13 Toca la guitarra maravillosamente bien.
14 Este café está riquísimo.

TR 22

Unidad 17 ejercicio 6

1 En la Escuela de Idiomas dan clases de chino.
2 Eugenio sale de casa muy pronto.
3 El coche no cabe en el garaje.
4 Las hojas caen de los arboles en otoño.
5 Tú haces deporte a diario para estar en forma.
6 Alberto va en moto al trabajo.

TR 23

Unidad 17 ejercicio 7

Soy Marisol. Tengo 22 años. Tengo dos hermanas que me caen fenomenalmente bien así que somos muy amigas. Soy una persona abierta y sincera y me pone nerviosa la gente que dice una cosa y después hace otra. Actualmente voy a la Universidad: hago cuarto de medicina. Cuando tengo tiempo libre leo revistas, veo la tele o salgo con amigos.

Él es Carlos, tiene 32 y es profesor de inglés. Da clases en varias escuelas de su ciudad. Está casado con Lola y tienen una hija, Nala. Carlos tiene un sueño: tener su propia academia de inglés. De momento, cuando no trabaja, hace deporte, va al cine, o sale a pasear con su familia.

TR 24

Unidad 17 ejercicio 8

Artículo 3: Todo individuo tiene derecho a la vida, a la libertad y a la seguridad de su persona.
Articulo 13: Toda persona tiene derecho a circular libremente y a elegir su residencia en el territorio de un Estado.
Artículo 23: Toda persona tiene derecho al trabajo y a la libre elección de su trabajo.
Artículo 26: Toda persona tiene derecho a la educación.

TR 25

Unidad 18 ejercicio 6

1 Belén sueña con su novio.
2 El perro muerde la pelota.
3 El agua hierve a cien grados.
4 Damián le ofrece un chicle a Carolina.
5 Los niños construyen un castillo de arena.
6 El camarero le sirve un café al cliente.
7 Este vestido cuesta 25 euros.
8 Fidel y Chema encuentran una cartera.

TR 26

Unidad 18 ejercicio 7

1 A mi padre y a mi nos encanta cuando nieva en nuestra ciudad.
2 No entiendo el porqué de esa decisión.
3 Todos los domingos Andres juega un partido con sus colegas.
4 Huelo muchos perfumes porque no sé cuál comprarme.
5 Antes de acostarse, Juan prefiere leer un libro de fantasía paranormal que ver la tele.
6 Mi hijo sueña con recibir una consola de videojuegos como regalo de cumpleaños.
7 Tu vecino siempre cuenta la historia de su pueblo y de su familia.
8 Paqui elije adornos navideños para la mesa, las ventanas y los pasillos de su casa.
9 Antes de salir de casa, cierro todas las puertas y ventanas.
10 Alejandro le cuelga el telefono a su novia cuando se enfada.
11 De tus acciones deduzco que eres muy sensible.
12 Cuando mi hermano va al pueblo duerme en casa de la abuela y se despierta tan pronto como ella.

TR 27

Unidad 19 ejercicio 8

1 Según ellos, mañana no se hace la excursión.
2 No sé por qué están todos contra ti.
3 Tú hablas con él y yo hablo con ella.
4 ¿Qué sabéis de ellos?
5 Sin vosotros la casa está muy vacía.
6 Seguro que por nosotros no se mueven.
7 A ellas no les importa llegar antes.
8 Se arrodilla ante ella para pedirle su mano.
9 No necesito nada para mí.
10 Entre él y tú lo resolvéis en un periquete.
11 A mí me duele la cabeza. Y, ¿a ti?
12 Nos acordamos mucho de usted.

TR 28

Unidad 20 ejercicio 3

1 Tenemos que tomarnos unas vacaciones.
2 Debes descansar en la cama y tomar medicinas.
3 Tienes que levantarte antes y estudiar más.
4 Tienen que comprar un billete de avión.
5 Tienes que jugar a la lotería.
6 Hay que comprar otra nueva.
7 Tienen que ponerse ropa de invierno.
8 Primero tienes que ir al mercado a comprar verduras.
9 Tienes que adelgazar.
10 Tiene que ser simpático.

TR 29

Unidad 20 ejercicio 5

Laura Perdona, ¿me puedes decir qué tengo que hacer para matricularme en este curso?

Begoña Sí, claro. Tienes que completar el formulario y traer tu certificado de estudios. Hace falta una foto también. Tienes que dejar todo en la secretaría. Después tienes que llamar a la secretaria y pedirle una cita con el jefe de la cátedra.

Laura ¿Tengo que traer mi currículum?

Begoña No es necesario. Pero si ya lo tienes, presentalo con los demás documentos.

Laura Vale. Gracias.

Begoña De nada. Y mucha suerte con el curso, hay que estudiar mucho para aprobarlo.

TR 30

Unidad 21 ejercicio 4

1 A nosotros nos repugnan sus chistes. No tienen ninguna gracia.
2 Al médico le preocupa mi colésterol. Tengo que cuidarme más.
3 ¿A usted le quedan unos cheques?
4 A ella le irritan las colas largas.
5 A mí me apetece un helado de chocolate bien cremoso.
6 A ellas les molesta el polén. Tienen alergia.
7 No te conviene ayudarme ahora.
8 No puedo ir al gimnasio todos los dias. Me falta energía.
9 ¿A ustedes les cansa el ejercicio?
10 A Felipe le duele mucho el dedo gordo.
11 A Claudia le encanta comer y beber bien.
12 A tu novia le fascinan los concursos. Quiere ganar uno.
13 A nosotros nos irritan bastante tus excusas.
14 A vosotros os gusta mucho pasear tranquilamente por el parque los domingos.

TR 31

Unidad 21 ejercicio 5

A Raúl le gusta mucho la nieve y le encanta esquiar. Ir de viaje le cansa y no le gusta tomar el sol, pero le fascinan las playas. A Sara y Patri no les gusta nada esquiar, la nieve les enoja. En cambio les encanta ir de viaje, les agradan las playas y siempre les apetece tomar el sol.

Marta es un poco rara, le encanta esquiar pero le molesta la nieve. No le interesa ir de viaje pero le fascinan las playas inexploradas. Tomar el sol le preocupa porque tiene muchos lunares.

TR 32

Unidad 22 ejercicio 3

El Instituto Nacional de Meteorología prevé para el día de hoy cielos soleados en la mitad sur del país. En Salamanca y Zamora se alternan las nubes con los claros. En Cataluña y Valencia cielo variable hasta esta noche, con posibilidad de chubascos. Viento moderado en el litoral de Galicia y muy fuerte en el Estrecho. Niebla en el resto del norte de la península, de forma más acusada en el País Vasco con algunas tormentas. Nieve en el Pirineo Catalán.

TR 33

Unidad 22 ejercicio 5

1 Treinta días trae noviembre, con abril, junio y septiembre, los demás de treina y uno, menos febrero mocho que solo tiene veintiocho.
2 Abrígate, por febrero, con dos capas y un sombrero.
3 En abril, aguas mil y todas caben en un barril.
4 Cuando llueve en agosto, llueve miel y llueve mosto.
5 Guarda el sayo para mayo, por si en vez de derecho viene el soslayo.
6 Quien trabaja en julio, trabaja con orgullo.
7 En octubre de hoja el campo se cubre.
8 A primeros de noviembre tu fuego enciendes.
9 En enero, no te separes del brasero.
10 Diciembre es, del año, el mes más anciano.
11 Cielo de junio, limpio como ninguno.
12 Por mayo llueve a rayos.
13 En febrero corre el agua por cualquier reguero.
14 Nieve en marzo, vale un dinerazo.
15 El sol de enero poco duradero.
16 Cuando el erizo se carga de madroños, entrando está el otoño.
17 Primavera fría, cosecha tardía.
18 Ni en verano sin ropa, ni en invierno sin bota.
19 No hay verano hasta San Juan, ni invierno hasta Navidad.
20 No hay primavera sin flores, ni verano sin calores, ni otoño sin racimos, ni invierno sin nieves ni fríos.

TR 34

Unidad 23 ejercicio 5

Isabel Este verano pienso trabajar mucho y ahorrar dinero porque en otoño me voy a ir de viaje a Puerto Rico con mi novio.

Pepe ¡Qué bien! Mi novia y yo en cambio este año nos vamos a quedar en casa. Pero estamos a punto de apuntarnos a un curso de francés y vamos a aprender a bailar flamenco también.

Isabel Interesante... yo también debería hacer algo de deporte. Umm... ¡ya sé lo que voy a hacer! Voy a ir al trabajo a pie todos los días.

Pepe Buena idea, así no usas tanto el coche y haces deporte.

Isabel Además hay que cuidar el medio ambiente. ¿Sabes que mis padres van a instalar energía solar en casa?

Pepe Mis vecinos acaban de instalarla también y están muy contentos.

Isabel Bien... te dejo que voy a ir a hacer la compra.

Pepe Venga, nos vemos pronto.

Isabel Vale, adiós.